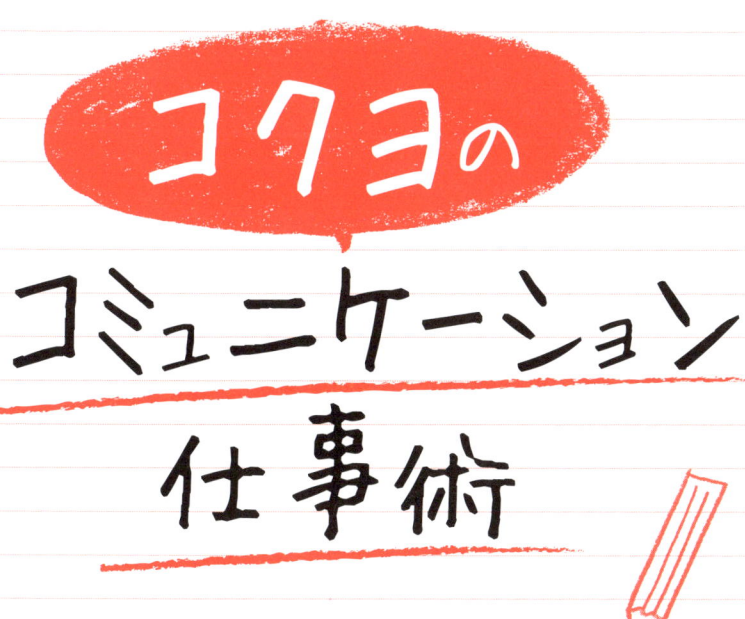

コクヨの
コミュニケーション仕事術

下地寛也

はじめに

自分はなんてコミュニケーションが下手なんだ！と落ち込むキミへ

「何が言いたいんだ？」「自分の考えはないの？」「結論から話して……」上司にそう言われたことはないでしょうか？ 言われた瞬間、アタマが真っ白、オロオロしてしまううまく二の句がつげません。あとで、席について冷静に考えれば、「あ〜、あのときこう言っておけばよかったのに」と思うものですが、その場ではナカナカうまくはいきません。

　この本はそういった、自分より年配の**上司や先輩とのコミュニケーションに苦労している主に若手ビジネスパーソン**向けに書いた本です。

　私はコクヨという会社で人材育成や働き方のコンサルティングの仕事をしています。コクヨは1905年創業の100年以上の歴史のある会社ですが、そのはじまりは和式帳簿の表紙を製造する紙製品を扱う会社でした。その後ノートやファイルなど文房具を数多く販売し、コクヨといえばそういった文房具のイメージを持っている人も多いでしょう。
　ところが、1960年にはファイルを収納するキャビネット（収納庫）を販売し、今ではオフィス家具から働き方のコンサルティングをするような仕事まで行っています。なぜそのように仕事の幅を広げていったかというと、お客様と接しているなかで、ノートやファイルを売っていればその入れ物となる収納家具も提供したほうが喜ばれるのではと考え、オフィス家具を扱うようになれば、そこで働く人の働き方をより良くするサービスも提供したほうが喜ばれるのではと考えて、少しずつ仕事の幅が広がってきたということです。
　私自身も会社に入った当初はオフィスのデザインや図面を描く日々を過ごしていたのですが、お客様から聞こえてくる要望は圧倒的に「会社

のコミュニケーションをなんとかしたい」というものでした。みなさんも、自分はコミュニケーションが苦手だとか、できれば避けて通りたいと思っているかもしれませんが、ほぼ全ての働く人にとってコミュニケーションは大きな課題で（それは話すのがうまい人ですら思っていることです）人間である限り普遍のテーマです。

　実際に仕事の9割はコミュニケーションで決まるといっても過言ではないでしょう。

　それではコミュニケーションがヘタだとどうしようもないのかというと、そうでもなくてうまく乗り切るための方法論は存在します。それは**自分と相手との距離を理解するための地図を持つこと**と、その**距離感にあった聞き方と話し方のコツを身につける**ということです。

　まずは相手との距離を測る地図についてですが、これには"**人づきあいマトリックス**"という考え方を使います。自分の接している人が右脳（感情）指向か左脳（論理）指向かという軸と、リーダー（挑戦）指向かフォロワー（貢献）指向かという軸を使って相手との距離感を理解し、どのようなスタンス（姿勢）で接していくとうまくいくのかを考えます。

　次に距離感がわかったところで、**聞き方**と**話し方**について考えます。聞き方に関しては**笑顔でうなずき、話を判断しないで整理しながら聞けているか**が大切です。話し方に関しては、相手の立場に立って**論理と感情を抑えながら話すことが大切**です。具体的には「**コミュニケーションの基本**」と「**上司への報告・連絡と相談**」「**他部署への調整交渉と説明**」「**会議での発言と進行**」の3つのシーンに分けて対応策を伝授します。

　そして、最後に**コミュニケーションを通した人の成長**について考えます。どのように人とつながれば人は成長できるのか、その視点について考えてみたいと思います。

　仕事がサクサク進んでまわりの人とも良い関係が築ける「コミュニケーション仕事術」をそれでははじめましょう。

コクヨのコミュニケーション仕事術
目次

はじめに……2
この本の読み方……10

序章　自分を知ってもらうより相手を知るほうがうまくいく

❶　相手の考え方はどのようにできるのか……12
❷　相手は他の星から来て、偶然あなたの前に座っている宇宙人
　　……14
❸　世代間ギャップが生まれるわけ〜価値観は時代の洗脳を受けている……16
❹　上司があなたに使える時間は、あなたの数分の１……18
❺　「自分の考えを伝える」ではなく「相手（上司）に考えてもらうことをコントロールする」……20
コラム　上司は常にコミュニケーションの基本を見ています……22

第1章　「人づきあいマトリックス」で上司との距離を測る

❶　上司が「最悪」と思ったら、まずその原因を分析しよう……24
❷　上司の世代別特徴をつかめ！……26

『コクヨのコミュニケーション仕事術』 正誤表

本書の本文中に以下の誤りがございました。
訂正の上、お詫び申し上げます。

3ページ 20行目

【誤】抑える⇒【正】押さえる

5ページ 5行目

【誤】フォロアー⇒【正】フォロワー

36ページ

◆左脳リーダータイプの計算式
　【誤】右脳指向点数⇒【正】左脳指向点数

◆左脳フォロワータイプの計算式
　【誤】右脳指向点数⇒【正】左脳指向点数

56ページ 14行目

【誤】演技して⇒【正】演技をして

73ページ 9行目

【誤】方法をを議論すれば⇒【正】方法を議論すれば

102ページ 20行目

【誤】あるるです⇒【正】あるのです

126ページ 2行目

【誤】②他部署への調整、交渉⇒【正】他部署への調整、交渉と説明

206ページ 23〜24行目

【誤】なりた自分⇒【正】なりたい自分

❸ 自分の芯は変えなくていいが、対応は相手を見て変えるほうがいい……30
❹ 「人づきあいマトリックス」で相手(上司)の対角をとる……32
❺ 身近な人をプロットしてみる……34
❻ リーダー(挑戦)指向とフォロアー(貢献)指向の違い……38
❼ 左脳(理論)指向と右脳(感情)指向の違いは……40
❽ 「右脳リーダー」タイプの上司に対しては、"細かい作業を引き取る人"になる……42
❾ 「左脳リーダー」タイプの上司には"明るい調整屋"になる……44
❿ 「右脳フォロワー」タイプの上司に対しては、"頭の整理をしてあげる人"になる……46
⓫ 「左脳フォロワー」タイプの上司に対しては、"一緒にやりましょう！と元気づける人"になる……48
⓬ フォロワー力を磨いて、感謝と信頼を勝ち取ろう……50
⓭ 部下もいないのにリーダーシップと言われても？……52
⓮ 論理的に考えるのが苦手ならば、まずは型を覚えてみる……54
⓯ 感情を出すのが苦手ならばまずは明るい人を演じてみる……56
⓰ ポジティブであれば成功するのではなく、ネガティブだと成功しないだけ……58
⓱ 信頼はコントロールできない、約束はコントロールできる……60
⓲ 相手のことをわかろうとする、しかし相手のことは完全にはわからないというスタンスで考える……62

コラム 「私って誤解されやすいんです」、その原因は自分にあります……64

第2章 「聞く力」をUPさせる表情と思考のコツ

❶ なぜ話す前に聞くことが大切と言われるのか……66
❷ 聞いているサインは、ちゃんと相手に届いていますか?……68
❸ 自分が話を集中して聞いているときの表情を知っていますか?……70
❹ 考え方が違うと思ったら右脳は休めて、左脳で話を整理する……72
❺ 雑談で何を話していいかわからないときは……74
❻ 指示が漠然としていたら、どうやるかではなく、なんのためにやるのかを確認する……76
❼ 忙しくて上司の指示が受けられないときは……78
❽ 質問は興味のしるし、疑問点がなくても質問しよう……80
❾ 相手の説明が長いときは、質問をはさんで自分のペースにする……82
❿ クドクド説教されるときは、反省の表情が相手に見えるように……84

コラム 上司の「俺の時代はこうだった」をどう返す?……86

第3章 相手を動かすための「伝える力」を身につける

―――― 社内コミュニケーションの基本 ――――

❶ 社内コミュニケーションの基本(伝えるのが苦手と感じるのは…)……88
❷ 自分が何を言いたいかではなく、相手の聞きたいことを言う……90
❸ 話がなかなかまとまらない～必要なのは結論と理由……92

- ④ 話が相手とズレるなら、まず論点を整理する……94
- ⑤ 結論がどうしても出せないときは……96
- ⑥ すぐテンパる人は、考えを書き出すだけで落ち着く……98

──────── **上司への報連相** ────────

- ⑦ 上司とのコミュニケーション（報告・連絡と相談のテクニック）……100
- ⑧ 報告がないより、多すぎるくらいでいい……102
- ⑨ 報告相手が忙しそう〜一言だけ決めて、前に立って待つ……104
- ⑩ 推測で話すと「事実だけを言え」、事実だけを言うと「自分の考えを言え」と言われる……106
- ⑪ どこからどこまで説明すればいいかわからないときは……108
- ⑫ 話が長くならないために、メモをつくっておく……110
- ⑬ メールと口頭の使い分け……112
- ⑭ 「やること」が決まったとしても「誰がやる」と「いつまでにやる」は曖昧になりがち……114
- ⑮ うまくいっていることと、うまくいっていないことの報告のしかた……116
- ⑯ 問題のある報告を言うのは勇気がいりますが……118
- ⑰ いつも怒られると感じたら、「怒られメモ」をつくって共通点を探す……120
- ⑱ 「相談していいですか？」と言ってから相談する……122
- ⑲ 報連相の最後に、感謝の言葉もしっかり伝える……124

──────── **他部署との調整・交渉** ────────

- ⑳ 他部署とのコミュニケーション（調整・交渉・説明のテクニック）……126
- ㉑ 他部署への依頼は相手のメリットをしっかり入れて話す……128
- ㉒ 意見の違いは立場の違い、相手の立場をイメージする……130

- ㉓ 相手の意見を聞いても損はない……132
- ㉔ 常に相手の主張の裏にある目的を引き出す……134
- ㉕ 好意をもてば人は動いてくれる……136
- ㉖ ネガティブ接続詞を排除する……138
- ㉗ オフィシャル感を出すために紙の「依頼書」をつくろう……140
- ㉘ 上司同士で調整するときも、交渉のシナリオは自分でつくる……142
- ㉙ 複数の前で説明するときは「間を取り」「視線を配る」意識を……144
- ㉚ 慣れていないことを言い訳しない……146
- ㉛ 眠くならない話し方をするには……148
- ㉜ 左脳で理解し、右脳で共感させる……150
- ㉝ 話に説得力が増す３つの方法……152
- ㉞ 明るい未来から逆算する……154
- ㉟ 答えられない質問が出たら……156
- ㊱ 根回しと考えずに、事前ヒアリングと考える……158
- ㊲ 説明が下手でも自分が信じていることは必ず伝わる……160

――――――― 会議での発言 ―――――――

- ㊳ 会議・打ち合わせのコミュニケーション（参加者に求められるスキルとは）……162
- ㊴ 発散と収束を分けて行う……164
- ㊵ アイデアを発言する前に批判をかわす防御を入れる……166
- ㊶ 定型会議では時間を意識したコンパクトな発言を……168
- ㊷ 会議の時間コントロール……170
- ㊸ 若手の「べき論」は聞き苦しい……172
- ㊹ 言いにくいことは質問の形で意見を言う……174
- ㊺ みんなの話を整理するように発言する……176
- ㊻ ５秒で仮の答えをまずつくる……178

㊼ 空気は読むが、たまにワザと無視して話す……180
㊽ 的外れな発言をすると信頼度が下がる……182
㊾ 板書すると会議の時間は三分の一になる……184
㊿ 議事録をどうとるかははじめに決める……186
(51) 結論の出し方は４種類……188
コラム 「すみません」を「ありがとうございます」に変換する……190

第４章　成長するためのコミュニケーション

❶ 「教わってないんです」ではなく「不勉強ではずかしい」と考える……192
❷ しっかり考えのある人を会社は放っておかない……194
❸ なりたい上司はいないもの～ロールモデルはツギハギでつくる……196
❹ やりがいや自己実現を仕事に求めすぎない……198
❺ 後輩は倍速で物事を覚える……200
❻ 個性を出したければ真似をしよう……202
付録 コミュニケーションにまつわる名言一覧……204

本文イラスト　テンキ
組版　横内俊彦
扉・カバー　土屋和泉

この本の読み方

　今まで本を読んで、「なるほど、ふむふむ、そうなんだ！」と、感心して、すっかり自分もできるようになった気になり、いざというときに「たしかこのシーンで使えるコツがあったはずだけど、なんだったかな？」と思ったことはないでしょうか？
　せっかく読む時間を取るのであれば、あなたが役立つと感じたことを自分自身に「**リマインド（時々、思い出すこと）**」させないともったいないですよね。
　仕事ができる先輩や上司は、この自分に必要なキーワードをリマインドすることを効果的に行っています。

　人間はあまりたくさんのことを覚えられません。みなさんがこの本から最終的に学び身につけられることもたぶん３〜７つくらいでしょう。
　その候補を拾い出すために本を読みながら、**あなたが重要と感じるところは線を引いたり、付箋をつけるなど、何かマーキングしてみてください。**
　そして読み終わった時点でこれこそすぐにやるべきことと思えることを少しだけ選んで手帳などに転記しておきましょう。

自分を知ってもらうより
相手を知るほうがうまくいく

みなさんは上司がどのように物事を考えているかを理解していますか？
これを知るだけでコミュニケーションは随分と簡単に進むものです。自分を知ってもらうより、まずは「相手を知る」。このことについて考えてみましょう。

1 相手の考え方はどのようにできるのか

　学生の頃は性格の合う人を中心につきあえばよく、どうしても嫌いな人は避けて通ることができました。年齢差も多くて３〜５歳くらいまで。話題を合わせるのにもそれほど苦労をしなかったと思います。

　ところが、社会人になったとたんに、上司とは10才以上も年齢が違うし、自分の親より年上の60歳近い人ともコミュニケーションを取らなければいけません。

　そして性格が合わなくても上司は変えられませんし、嫌味な先輩から逃げられるわけでもありません。社内でも、もちろん性格の合う人や考え方の近い人もいますが、どうしても考え方が合わない、うまくつきあいにくいといった人はいるものです。

　まずは、その「合う・合わない」といった相手の「考え方」について考えてみたいと思います。

　ここでいう**「考え方」とは「価値観」や「行動基準・判断基準」**のことです。物事の優先順位を決める上で、何を大切にするのかや、何がよくて、何が悪いのかを決める自分の心の中の基準ということです。

　この基準は普段はあまり意識しませんが、人づきあいに大きな影響を与えます。例えば、「多少の犠牲を払ってでも頑張って働いてお金をたくさん稼ぎたい」と考えるか、「お金は困らない程度でいいのでそれなりにゆとりのある生活をしたい」と考えるか。「他人の間違いを見つけたときは叱ってでも正しい方向へ直させるのがいい」と考えるのか、「叱るのはよくないので間違いを見つけてもそれとなくほのめかす程度にして、本人が気づくまで待つほうがいい」と考えるのか。この考え方の違う人とはつきあいにくいでしょう。価値観とはあらゆるところで自分の行動を

決めています。

　この「考え方・価値観」の違う人とつきあうときに人はストレスを感じます。では人間の「考え方・価値観」はどのように作られているのでしょうか。みなさんは自分の考え方はどうやって今の状態になったのか考えたことがありますか？

　自分の考え方を形成するのに影響している要素は2つです。もともと先天的な素養、極端にいうとDNAに刻まれていた部分と、成長する中で、まわりの影響を受けて作られてきた部分です。

　素養の部分は、環境が仮に違ったとしても同じような考え方になっているだろうと思える部分です。

　一方、まわりからの影響はよくよく思い出してみれば見えてくるはずです。親や友人、学校の先生からの影響も自分の考え方に大きな影響を与えているはずです。

　例えば、学校の教育方針だけでもずいぶんと差が出ます。幼稚園ですら、しっかりと礼儀作法を教えるところもあれば、自然に任せて自由に遊ばせるところもあります。礼儀作法に厳しいほうに行けば「ルールを守ることが大切だ」という考え方を身につけるかもしれませんし、自由なほうに行けば「自分で常に判断して行動することが大切だ」という考え方を身につけるかもしれません。

　このような前提に立って、「考え方が違う＝つきあえない」と決めつけるのではなく、まずは相手がどのような環境の影響を受けて今の「考え方・価値観」を持っているんだろうと考えてみてください。

ポイント

「考え方・価値観」は先天的な素養の部分とまわりからの影響の部分からできている。

相手は他の星から来て、偶然あなたの前に座っている宇宙人

　人の考え方は本人の先天的な素養の部分と、まわりの影響を受けて作られる部分があるという話をしましたが、まわりの影響はどの程度大きなものなのでしょうか。

　私は仕事でアメリカに住んでいたことがあるのですが、そのときに知り合ったブラジル人に「あなたの宗教は何ですか？」と聞かれたことがあります。私は無宗教だと答えたのですが、その次に彼が私に聞いた質問はとても意外なものでした。「ではあなたの価値観はどこから来ているのですか？」価値観と宗教？　どういうことだろうととっさには意味がわかりませんでした。

　私は宗教というと、神様を信じてお祈りして、何か危機がおとずれたときに助けてもらうものというくらいにしか思っていませんでした。ところが彼らにとっては、物事の判断基準、つまり何がよくて何が悪いのかという判断を決める基準が宗教による教えだったのです。

　そう考えてみると強い会社もよく宗教的だと言われます。カリスマ経営者がよい意味で社員を洗脳して、同じ価値観を植えつけると強い会社になるわけです。

　話がやや脱線しましたが、伝えたいことはそのように**自分で常に物事を考えて決めていると思っていることでも、環境の影響を多分に受けているということ**です。

　つまり、あなたの前に座っている上司や先輩も、その環境の影響を受けています。先輩に厳しく怒られながら仕事を覚えてきた上司は、「何かあれば叱ってでも物事を正すことが正解だ」という考え方を後天的に学習して持っていますし、まわりに合わせて目立つことをしないことが奥

ゆかしさだと学んできた先輩は、「積極的に動くことをしないほうがよい」という考え方になっているかもしれません。

　つまり、考え方が合わないといっても、それでつきあえない人だと考える必要はなく、まずは育ってきた環境が違うのだからしかたがない、この違った星で育ってきた宇宙人とどのようにコミュニケーションを取っていこうかと考えてみてください。そうするだけで多少はストレスを軽減できるでしょう。「宇宙人の生態を観察しよう、どんな環境で育つとこんな自分とは違った考え方になるのかな」って感じです。

　宇宙人ほどではなくても、外国の人と交渉する外交官としてどのように対応していくかくらいに考えてもいいでしょう。相手国の文化や価値観を理解したうえで対応策を考えるということです。

　相手を理解するには相手のやり方に合わせなければいけないのではと思うかもしれませんが、そうでありません。私たち日本人が他の国とコミュニケーションをするときに全て向こうの流儀に合わせる必要がないのと同じです。日本らしさを維持しながら、相手の価値観も尊重してうまくつきあう方法を探っていくわけです。

　もちろん急にはうまくいかないかもしれません。しかし、違いを理解したうえでなんとかしようと考えていると、そのことは相手にも伝わります。この人は私とうまくやっていきたいと思っているんだなと。そうなってくれば必ず道は開けます。

ポイント

考え方が少し違う人を「外国人」、まったく合わない人を「宇宙人」と思って接してみよう。

3 世代間ギャップが生まれるわけ　〜価値観は時代の洗脳を受けている

　上司の「俺の時代はこうだった」という話につきあうのはホトホト疲れますよね。「今はその時代じゃないんだよ」と心の中で思いながらも「すごかったんですねえ」と言わざるを得ません。

　他人の価値観は、その人が成長した環境の影響を大きく受けるという話をしましたが、時代や場所の違いによる影響の大きさはどの程度なのでしょうか？

　歴史的にみるとほんの150年前の江戸時代には「殿様のために腹を切って死ねる」という考え方・価値観があったわけですが、そのことを聞いてどう思いますか？　みなさんは、「その時代のその環境にいれば同じように腹を切るだろう」と思うか、「いやいや自分は絶対そのような考え方に染まらない」と思うのかちょっとイメージしてみてください。

　さて、少し時代は進んで約70年前、昭和初期の戦時中は「お国のために死ねる」という価値観を多くの人が持っていました。殿様が国に変わりましたが、自分より他人に貢献することが何より大切だという考え方をその時代の環境から影響を受けて身につけたわけです。

　その後、日本は高度経済成長になり約20年前までは、さすがに会社のために死ねるとまではいきませんが「会社のために生活を犠牲にしてでも尽くす」という考え方が普通だったわけです。

　妻や子どもを家に残して「仕事だからしかたがないだろ！」と行って家を出て行くお父さん。その価値観はその人がもともと先天的に持っていたわけではなく、まわりの環境の影響を受けたものだということは容易に想像がつくでしょう。

次にバブルがはじけて平成不況に入り、時代の考え方はどんどん変わっていきます(このあたりは後ほど述べます)。そして現在ではワークライフバランスという考え方が生まれてきています。まだ完全に市民権を得られた価値観ではないですが、私が20代の頃にはまったく聞かない概念でした。ワークライフバランスとは仕事一辺倒な人生ではなく、仕事と家庭の両方を充実させることが大切だという考え方で、最近では管理職研修などにも頻繁に登場する概念です。

　「会社のために仕事のために全てをささげる」と考えていたみなさんの上司にとっては、急に異国の文化に放り込まれたようなパラダイムシフト(考え方の枠を変える大きな転換)だったことでしょう。「俺の時代はこうだった」という言い方は**「俺の考え方は時代の影響なので悪いけど急には変えられないよ」と言っているんだ**と理解しましょう。

　過ごした場所の違いによる考え方への影響も大きなものがあります。例えば同じ民族だった韓国と北朝鮮の人が大きく思想を変えたのは60年ほど前の朝鮮戦争がきっかけです。そこまで極端な歴史を見なくても、帰国子女の人に会うと外国人のようにはっきりものを言うなあと驚くこともありますし、日本で長年育った外国人を見るとやはり日本的な控えめな性格になっています。

　このように常に何が大切かという価値観の優先順位は変化していきます。みなさんが今当たり前に感じていることが少し先の未来では当たり前とは限らないのです。

ポイント

宗教・思想・文化などは、全て考え方・価値観の枠をつくっていくもの。

4 上司があなたに使える時間は、あなたの数分の1

　相手（上司や先輩）を知るために大切なことの1つとして、相手の考え方・価値観を理解するというお話をしてきましたが、もう1つ知っておいてほしいことがあります。それは上司にとっての時間の使い方がどうなっているかということです。

　上司が自分のことを見てくれていない。私はいつも上司に振り回されているのに、上司は私の気持ちなどまったく配慮してくれる素振りもみせないし、ひどいときは自分が頼んだ仕事のことすら忘れて、報告したら「なんだっけ？　そんな仕事頼んだっけ」と返答する始末。

　もちろん、忙しいなかでも部下の状況を把握してしっかりコミュニケーションを取っていくのが上司の役目で、その部分ができていないとしたら、非は上司にあります。

　しかし、上司にとって部下は複数いるわけで、一人ひとりに十分な時間をとれないのが現状です。例えば、部下が6人いる場合、一人に30分状況確認の打ち合わせの時間を取ろうとすると3時間もそのために使ってしまいます。

　また、最近の管理職の多くは自分でも仕事を持つ、プレイングマネジャーと言われるスタイルが増えています。そしてそのプレイする（自分で処理する）仕事は、そのチーム内で一番難しい仕事になります。なぜなら、部下に任せることができない高度なものが自分のところに残るからです。

　そして上司にとって、**自分のチームは仕事の世界の半分**になります。自分の部や課は自分を頂点とする世界ですが、もう1つは、自分がボトム（最下層）となっている社長を頂点とした管理職の世界を持っています。

ここでは、みなさんが上司から指示されるのと同じように、社長や役員などから細かく理不尽な指示や目標を担がされ、業績や数値と言った厳しい報告責任・結果責任を負っています。ここが中間管理職の「中間」という辛さです。

　そのことで上司に気を使え、申し訳ないなと思うべきとは言いません。しかし上司があなたに時間をあまり多く割けないという事情は理解してあげましょう。

　そんなときに重宝される部下は、**タイミングよく短い時間でコミュニケーションを自分から取ってきてくれる人です。**

　逆に、まとまっていない話をグダグダ報告する人には、「せっかく仕事を頼んでいるのに、逆に俺の仕事を増やさないでくれ」と思われてしまうかもしれません。

　常に上司の動きを把握し、短い時間で話をしようとしてください。「いつもコンパクトな報告をしてくれるなあ」とさえ思われれば、上司もあなたと話す時間を取ることに躊躇をしなくなるでしょう。

ポイント

コンパクトな報告ができると、逆に時間をしっかり取ってくれるようになる。

5 「自分の考えを伝える」ではなく「相手（上司）に考えてもらうことをコントロールする」

　上司と自分との価値観の違いを把握し、上司の時間は少ないとわかったうえで、コミュニケーションを成功させるためにもう1つ知っておいてほしいことがあります。

　それは、「**他人は伝えた通りには話を理解してくれない**」ということです。こう言われると当たり前のように聞こえるかもしれませんが、実際には言ったとおりに受け取ってほしいと期待しているものです。

　例えば「この企画はすばらしいです」と自分が言ったとして、相手は「この企画はすばらしいな」とは思いません。「この企画はすばらしいと言っているんだな」と思います。ひょっとしたら「この企画はすばらしいと言っているが、疑わしいものだ」と思うかもしれません。

　みなさんは、**自分が何かを伝えたときに、相手はこう考えるはずだということを計算に入れているでしょうか？**　先ほどの例だと「この企画はすばらしいと言っているんだな」の次に「なぜ、すばらしいと言えるんだろう」と普通だったら考えるでしょう。

　これは将棋と似ています。自分の駒を動かすと、相手は次にこうするだろうから、その後にこうやろうと先を読む。

　何手で詰むのかを考えながら話すということが必要です。

　こう言うと難しく感じますが、まずは一手先だけを考えるようにしましょう。自分が一言話したら、相手はこう思うはずだ。

　自分が「この企画はオリジナリティが優れているからすばらしいんです」と言ったら、相手は「具体的にどこが優れているの？」と思うはずと考えていきます。

　報告でも、交渉でも、会議の発言でも、相手は自分の言ったことを受

けて何かを考えます。常に疑問がわいてくるはずです。「なぜだろう？」「だからどうなるの？」「具体例はあるのかな？」「本当だろうか？」など。

ちょっと意識するだけで、一手先くらいであれば相手がどう思うかを推測しながら話すことはできるようになります。

推測と合わせて相手の顔の**表情を見ていれば狙ったふうに考えてくれてないな**ということに気がつくでしょう。

この意識を持って話すことをくり返すだけで意思疎通は劇的にスムーズにいきます。コミュニケーションが「伝えた」ではなく、「伝わった」に変わっていきます。「話は相手に伝わったかい？」と聞かれたら「伝えましたが理解したかどうかは相手次第ですね」と思わず言ってしまいますよね。そんなことがなくなっていきます。

そして、最終的には相手にこう思ってほしいということを決めて、そのことから逆算して何を話せばいいのかということを考えられるようになるでしょう。

ポイント

相手が思う一歩先のことを考えながら話してみよう。

Column

上司は常にコミュニケーションの基本を見ています

　日本経済新聞の調査によれば、上司が新人に対して抱いている不満はコミュニケーションについての基本が多いようです。

　上位は、「挨拶」「メモ」「敬語」「報連相」「返事」といかにもな結果なのですが、下位を見ると「指示待ち」「協調性」「逆ギレ」などのチームで仕事するための姿勢を問う内容も見て取れます。

　上司が期待することはコミュニケーションの「基本動作」と「チームワーク」ということです。自分ができていないことはないか一度チェックしてみてください。

１位　あいさつがきちんとできない
２位　メモを取らず、同じ事を何度も聞く
３位　敬語が使えない
４位　雑用を率先してやろうとしない
５位　ホウレンソウ（報告・連絡・相談）ができない
６位　同じ間違いをくり返す
７位　返事ができない
８位　自分のミスを謝らない
９位　「指示待ち」で自分から積極的に動こうとしない
１０位　プライドが高く、知ったかぶり
１１位　忙しい先輩に「手伝いますか」の言葉もなく帰るなど、協調性がない
１２位　仕事中の私語が多すぎる
１３位　注意すると「逆ギレ」する
１４位　仕事の優先順位がつけられずパニックになる
１５位　好き嫌いで物事を判断し、露骨に態度に表す

出典：「新人さん、ここに気を付けて――学生気分とさよなら（何でもランキング）日経プラスワン」

第1章
「人づきあいマトリックス」で上司との距離を測る

上司や先輩との接し方において、おさえるポイントは
「価値観の違いで接し方に差が出る部分は何か」
ということです。
ここでは、「人づきあいマトリックス」というツールを使って
相手との距離感を測る方法を紹介しましょう。

上司が「最悪」と思ったら、まずその原因を分析しよう

　理不尽な指示や、クドクド長い説教をされると、上司のことを最悪だと思ってしまうこともあるでしょう。残念なことに、最悪でも親と上司は交換できませんので、何らかの対策を打つ必要があるわけです。

　ところが急に上司に対する姿勢や態度を変えてみても、うまくいくとは限りません。急に丁寧な報告をしたりムリして明るく振る舞ってみても、それが逆効果になるかもしれないからです。

　そこでまずは相手の考え方・価値観のタイプを推測していきましょう。あなたの上司はどちら側のタイプになるでしょうか？

- ☑①正義感が強い⇔法律に触れなければ何をやってもいい
- ☑②叱って育てる⇔ほめて育てる
- ☑③ポジティブ（前向き）⇔ネガティブ（否定的）
- ☑④仕事一筋⇔仕事と生活のバランスが大切
- ☑⑤思ったことはすぐ話す⇔思っても口に出さない
- ☑⑥できれば自分で考える⇔部下にやらせてチェックする
- ☑⑦一人でいるのが好き⇔みんなといるのが好き
- ☑⑧数字を細かく管理する⇔数字にはざっくりとしている
- ☑⑨プロセス（途中経過）を重視する⇔結果だけを求める
- ☑⑩本音と建前を使い分ける⇔常に本音をブチまける
- ☑⑪新しいことに挑戦する⇔地道に組織に貢献する
- ☑⑫冷静で論理的に考える⇔感情を表に出し直感で進める

　この本では最終的には⑪挑戦と貢献、⑫論理と感情の軸を使って「人づきあいマトリックス」をつくり対処法を伝授しますが、それ以外の軸も相手の価値観を理解するのに役に立ちます。

①〜⑫とたくさんありますが、どちらとも言えない軸に関してはあまり気にする必要がありません。特に突出した傾向がある軸に対してはそのことを理解して地雷を踏まないようにする必要があります。

　例えばとても正義感の強い上司の下で、消費者が騙されるような反則スレスレの商品の売り方をして成績をあげたとしても認められるはずがありません。常にポジティブに物事を考える上司の下でネガティブオーラを出していては好かれませんし、細かく数字を管理する上司であれば、報告が遅れたり間違った数字を提示していないかということに注意をより払う必要があります。

　ところが、人間というのは他人に「期待する人物像」を作ってしまい、その理想の人物像に合わせた対応しかしないものです。「期待する上司像」や「期待する夫像・妻像、恋人像」をあなたは持っていないでしょうか？

　そのうえで、上司はこれくらい寛容であるべきだと思う基準を自分で作って、期待する上司像にあった報告のしかたをしてしまいます。

　そして、そのときに怒られたら「私の上司は細かすぎるんだよ」と愚痴を言ってしまいます。しかし自分でもわかっているはずです。上司は数字に細かいタイプなのだと。それを知っていながら、その対処をしなかったのは自分の責任ではないでしょうか？

　全て理想の人に囲まれた生活ができればいいのですが、現実社会ではなかなかそうもいきません。理想とずれた部分はそれなりに警戒して対応するほうが自分にとっても不快な思いをせずに生きていくことができるはずです。

ポイント

「期待する上司像」を求めていないか注意しよう。

# 上司の世代別特徴をつかめ！

　価値観は時代の洗脳を受けるとすでに書きましたが、上司や先輩はどのような時代の影響を受けて20代を過ごしてきたのでしょうか？

●60代（団塊の世代）

　すでにリタイアしている人も多くいると思いますが、象徴的な世代なので、ここから始めましょう。団塊の世代というのは1947〜49年の3年間に生まれたベビーブーム時代の人たちを指しますが、ここでは、この頃を象徴する名前としてこの呼び方を使います。

　カラーテレビが普及した高度経済成長のなかを過ごして育ち、20代の頃にアポロ月面着陸や大阪万博、東京オリンピックなどがありました。今の中国のような雰囲気だったわけです。バリバリ働くことで出世もするし、お金も入るといった「仕事が全て」という考え方を持っています。

●50代（ポスト団塊の世代）

　この世代には実はあまりよい名前がありませんが、前の元気な世代の次のどちらかというと冷めた考え方をした世代です。

　なぜ冷めているかというと学生運動が下火になる頃に大学生になり、高度経済成長が終わる頃に社会人になりと、先輩達の盛り上がった時代のあとに大人になったという背景があります。20代の頃にはロッキード事件や日本赤軍の日航機ハイジャック事件など暗い事件もありました。

　そうは言っても年功序列・終身雇用が当たり前で、30代を過ぎるとバブル景気になり管理職時代は比較的贅沢な時期を過ごしたわけです。接待などの人づきあいで仕事を取るといったことも当たり前で、根回しや

関係性を重視した考え方を持っている世代と言えるでしょう。

●40代（バブル世代）

バブル景気とは1986年から1991年頃のことを指し、ちょうど今20代の人が生まれてきた時代に社会人になった人たちのことをバブル世代と言います。超売り手市場で簡単に就職できたために同期が多く若い頃は景気もよかったので比較的安定した生活を送っていました。

ところが30代になる頃から景気はずっと悪いままであり、携帯電話やパソコン、メールといった新しいコミュニケーションツールも登場し、自分たちの考え方に大きな転換を迫られながら過ごしてきた特徴があります。入社した頃には「赤提灯（安い大衆居酒屋）」で先輩と愚痴を言っていましたが、今では部下と飲みに行くこともままならないといった状態でどうしたものかと悩んでいる人も多い世代です。

●30代（就職氷河期世代）

バブル崩壊後に社会人になった人たちです。子どもの頃は景気がよかったのに、いざ自分が社会人になると急に就職が困難な状態が何年も続きました（この時期を「就職氷河期」と呼びます）。また20代の頃に地下鉄サリン事件やアメリカ同時多発テロなどの暗い事件が起こります。

それでもその低迷期を切り抜け、前向きに生きるために仕事を通して自己実現をしようという考え方を持っている人も多くいます。モチベーションといった言葉もよく使います。これは反面、仕事で出世や昇給が以前ほど期待できないといった裏返しでもあり、やりがいのある仕事をしたい、仕事を通して成長したいという方向に思考が変化した、もしくは企業側の人材育成方針がそちらに舵を切った影響もあるでしょう。

●20代（ゆとり世代）

　ゆとり教育とは2002年から学校教育に取り入れられた教育方針のことですが、詰めこみ型教育をやめて学習時間と内容を減らしていこうという方向転換が行われました。この時代の教育を受けて、今社会人になった人たちのことを「ゆとり世代」と言います。

　社会人になった頃にライブドア事件やリーマンショックなどがあり、30代と同様、依然として就職難のなかを勝ち残って社会人になってきた人たちです。生まれた頃から携帯電話やパソコンが身のまわりにあり、IT機器を苦もなく使いこなすことから"デジタルネイティブ"と呼ばれることもあります。

　先輩世代からは「言われたことしかやらない」「打たれ弱い」「競争意識が低い」などと言われることもあります。

　しかし、バブル世代以前の人たちが会社に属していればなんとかなるという考えを持つ人が多いのに対して、この世代の人たちは会社がいつまで存在できるかわからないという危機感があるために、冷静に自分たちがどのように生き残っていくべきなのかを考えている人も多いです。

　さて、これらは全ての人に当てはまるものではなく、まったく違う考え方の人も数多くいます。

　ただ、考えてほしいのは**みなさんがもし違う世代に生まれていたら、時代の影響をどの程度受けていただろうか**ということです。眼の前にいる先輩はその時代を生きて、今の考え方にたどり着きました。

　そういった人たちの考え方や価値観を理解していけば無用の衝突をしなくても済むでしょう。

　※次ページの表の情報は2013年現在のものです。

世代	特徴	20代の頃
60代：団塊の世代 （1944～1953年生まれ） 	企業戦士・会社人間	高度経済成長 アポロ月面着陸 大阪万博 東京オリンピック
50代：ポスト団塊の世代 （1954～1963年生まれ） 	根回し、関係性重視 赤提灯コミュニケーション	オイルショック 高度経済成長終焉 ロッキード事件 日航機ハイジャック事件
40代：バブル世代 （1964～1973年生まれ） 	ソリューション（提案）重視 プロフェッショナル志向	バブル景気 携帯・パソコンの普及 NTT、JR、JT民営化 東西ドイツ統一、ソ連崩壊
30代：氷河期世代 （1974～1983年生まれ） 	モチベーション 自己実現・自分探し オンリーワン思考	平成不況 ITベンチャー台頭 地下鉄サリン事件 アメリカ同時多発テロ
20代：ゆとり世代 （1984～1993年生まれ） 	ワークライブバランス 協調性が高い 競争意識が低い	中国、インドの台頭 GDP2位から3位へ ライブドア事件 リーマンショック（金融不安）

ポイント

時代背景を理解すれば、つきあいかたも考えやすくなります。

3 自分の芯は変えなくていいが、対応は相手を見て変えるほうがいい

　相手に合わせてコミュニケーションを取っていきましょうと言うと、自分の性格を押し殺してつきあうとか、媚を売ったり、ゴマをするイメージがあるかもしれません。
　そんなタイプになることをお勧めしているわけではありません。
　しかし、ゴマすりばかりで自分の芯がない人も困りモノですが、逆に「私は私。自分らしく生きたいんです」といったこだわりが強すぎて、自分の姿勢をまったく変えない人もまわりにとっては関わりづらいものでしょう。さまざまな考え方を持った幅広い世代の人とつきあおうとすると、そのスタンスでは結局一人で浮いた状態になってしまいます。
　ではどうすればよいかと言えば、先ほどすでに触れましたように外交官が外国人とうまく交渉していくやり方と基本的には同じスタンスでやっていきましょうということです。
　高度な交渉力を持っている外交官は、日本人の考え方や価値観を持ったまま、相手と接しています。かといって、相手国の価値観を否定したりもしません。相手を尊重しつつその文化を理解したうえで、受け入れられるところは受け入れて、伝えるべきことはしっかりと伝えるというやり方を取っています。
　価値観の違う人と接するときにもこれと同じやり方が求められます。みなさんの持っている考え方や価値観は変える必要がありません（もちろん、よい影響を受けて自然に変わる分にはいいでしょう）。ただし、相手の価値観を否定してもしかたがありません。
　相手との考え方の共通点と相違点をしっかり頭に入れたうえで、うまく関係性を築ける方法を探ってみましょう。

考え方に基本的な優劣はありません。国の間で考えると、日本では兄弟でも兄と弟の違いを意識して、兄に対しては先輩として敬う価値観があります。一方、アメリカではそれほど兄弟の歳の差は関係ありません。英語では年上でも年下でもブラザー、シスターで、よっぽど関係性を説明するとき以外にオールダーシスターとかヤンガーブラザーなどとは言いません。だからといって日本の文化が優れているわけでもありません。

　また、日本ではお椀を持ってご飯を食べますが、アメリカではお皿を持つことはマナー上よくないことです。これもどちらが優れていること、よいことというわけではなく、考え方の違いです。

　同じように年配の人とつきあうときに、飲み会の席でお酌をするのをわずらわしいと考える若い人もいるでしょう。その考え方はもっともだと思いますが、そのようなことで関係を悪くしてももったいないだけです。

　また、仕事一辺倒な人生観と仕事と家庭のバランスを取ることが大切だと考える人生観のどちらが尊いというわけでもないでしょう。自分が仕事と生活の両立を目指しているのに、上司が仕事一辺倒だとしたら、彼の考え方に理解を示し尊重しつつ、自分がいかに生活も大切にしているかを彼に理解してもらう術を考えていきましょう。

　相手のほうが立場が強いうえに交渉力も長けているかもしれません。しかし**相手もあなたとうまくやっていきたいと必ず思っているはずです**。その気持ちを持ちながらつきあえば、必ず互いに尊重し合える関係が築けるでしょう。

ポイント

譲るところは譲る、通すところは通す。軸がぶれない外交官を目指そう。

4 「人づきあいマトリックス」で相手（上司）の対角をとる

　ここまで相手の考え方・価値観を理解することの大切さを説明してきましたが、そのなかで特に重要な2つの軸を紹介しましょう。

　1つめは「**リーダー（挑戦）指向**」か「**フォロワー（貢献）指向**」かという軸、2つめは「**左脳（論理）指向**」か「**右脳（感情）指向**」かという軸です。

　価値観の軸はたくさんありますが、仕事上のコミュニケーションをとるうえで大きく差が出てくるのがこの2つの軸による違いです。

「リーダー指向」の人は常に新しいことに挑戦する意識が高く、ビジョンを示して、まわりを巻き込みながら仕事を進めていくようなタイプのことです。

「フォロワー指向」の人は現状の組織に貢献することに意識が高く、まわりの人と協調性があり、ルールを守り、コツコツと仕事をこなしていくようなタイプのことです。

「左脳指向」の人は、論理的に物事を考える意識が高く、数字に強く分析力があります。常に冷静沈着で、話に説得力があり、自ら綿密な計画を立てて物事に取り組むようなタイプです。

「右脳指向」の人は、仕事に熱意を持って取り組む意識が高く、表情も豊かで、人なつっこい面もあり、まわりの人の気持ちを汲むことが得意で、直感を信じて行動するようなタイプです。

　この2つの軸を使ってマトリックスを作り「人づきあいマトリックス」という名前をつけました。2つの軸で分割された4象限は異なる人物像になります。「右脳リーダー」「左脳リーダー」「右脳フォロワー」「左脳フォロワー」の4タイプです。

細かい説明は次項以降で説明しますが、最も伝えたいのはそれぞれのタイプの人は**自分の強いところは、部下もできて当たり前と考えて**います。つまり及第点しかもらえません（それができないとＮＧ部下）。
　逆に**対角のところが相対的に弱い**ので、みなさんがその部分を埋めてあげられれば相手にとって非常に助かる存在になり、ひいてはみなさんの評価が驚くほど上がっていくというわけです。

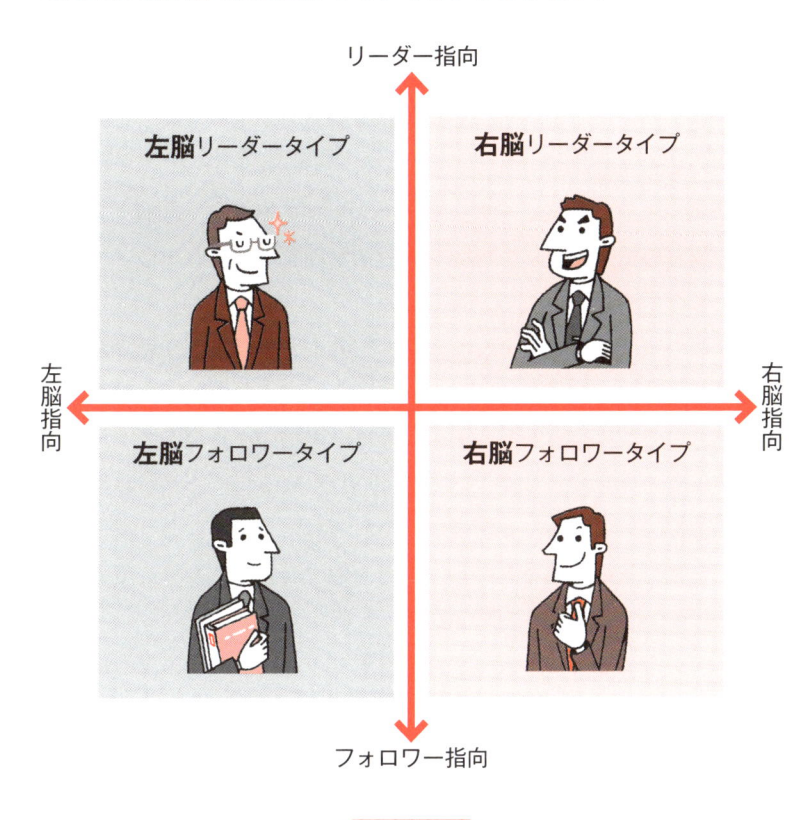

```
                    リーダー指向
                         ↑
        左脳リーダータイプ   |   右脳リーダータイプ
                         |
    左脳指向 ←────────────┼────────────→ 右脳指向
                         |
        左脳フォロワータイプ |  右脳フォロワータイプ
                         ↓
                    フォロワー指向
```

> **ポイント**
>
> **上司の得意分野はできて当然。対角をできれば驚くほど評価が上がる。**

5 身近な人をプロットしてみる

　それでは身近な上司や先輩を１人選んで、その人がどのタイプなのかを見ていきましょう（ただし、この分類はあなたにとって、その人がどう見えているかを示すもので、絶対的なその人のタイプを示すものではありません）。

　右図は４つの指向性（リーダー指向、フォロワー指向、左脳（論理）指向、右脳（感情）指向）の特徴を表わす質問をそれぞれ５つピックアップしたものです。

　それぞれの質問に対してあなたが選んだ人がどの程度そう思うかについて点数をつけていきます。通常は５段階評価で点数をつけるものが多いですが、ここでは暗算がしやすいように３段階の２点満点です。

　各質問に「そう思う→２点」「ややそう思う→１点」「そう思わない→０点」とつけていきます。４つの指向それぞれに５問ずつありますので、全て答えた後にその点数を合計して各指向性の合計点を計算してください。満点は10点（２点×５問）となります。

　次にページをめくって、人づきあいマトリックス図の軸の部分に指向性の点数に書き加えます。そして、４つのタイプ（左脳リーダー、右脳リーダー、左脳フォロワー、右脳フォロワー）の点数を出していきます。

　点数の出しかたは２つの指向の軸の点数を掛け算して記入してください。例えば「左脳リーダータイプ」は「リーダー指向」の点数と「左脳指向」の点数の掛け算になります。

　そして最終的に**点数の一番大きなタイプがその人の最も強い考え方・価値観**（あくまであなたが見たときの視点ですが）ということになります。

2：そう思う　1：ややそう思う　0：そう思わない

●リーダー指向度

①新しいことに挑戦する意識が高い　　2－1－0
②自分から積極的に行動を起こす　　　2－1－0
③目的や目標を常に伝えている　　　　2－1－0
④既存の枠にとらわれず考えている　　2－1－0
⑤まわりの人をうまく巻き込んでいる　2－1－0

リーダー指向　　　点

●フォロワー指向度

⑥組織に貢献しようという意識が高い　2－1－0
⑦困っている人を助けるのが好き　　　2－1－0
⑧まわりの人に合わせるのが得意　　　2－1－0
⑨ルールや約束を守る意識が強い　　　2－1－0
⑩何ごともコツコツ続ける意欲がある　2－1－0

フォロワー指向　　点

●左脳（論理）指向度

⑪物事を論理的に考える意識が高い　　2－1－0
⑫数字に強く、分析が得意　　　　　　2－1－0
⑬常に冷静沈着で落ち着きがある　　　2－1－0
⑭話に説得力がある　　　　　　　　　2－1－0
⑮事前にしっかり計画を立てている　　2－1－0

左脳指向　　　　　点

●右脳（感情）指向度

⑯仕事に情熱・熱意を持っている　　　2－1－0
⑰直感や感性を信じて行動している　　2－1－0
⑱表現力があり、表情も豊か　　　　　2－1－0
⑲親しみやすく、人なつっこい　　　　2－1－0
⑳まわりの人の気持ちに配慮している　2－1－0

右脳指向　　　　　点

＿＿＿＿＿＿＿＿＿さんについて

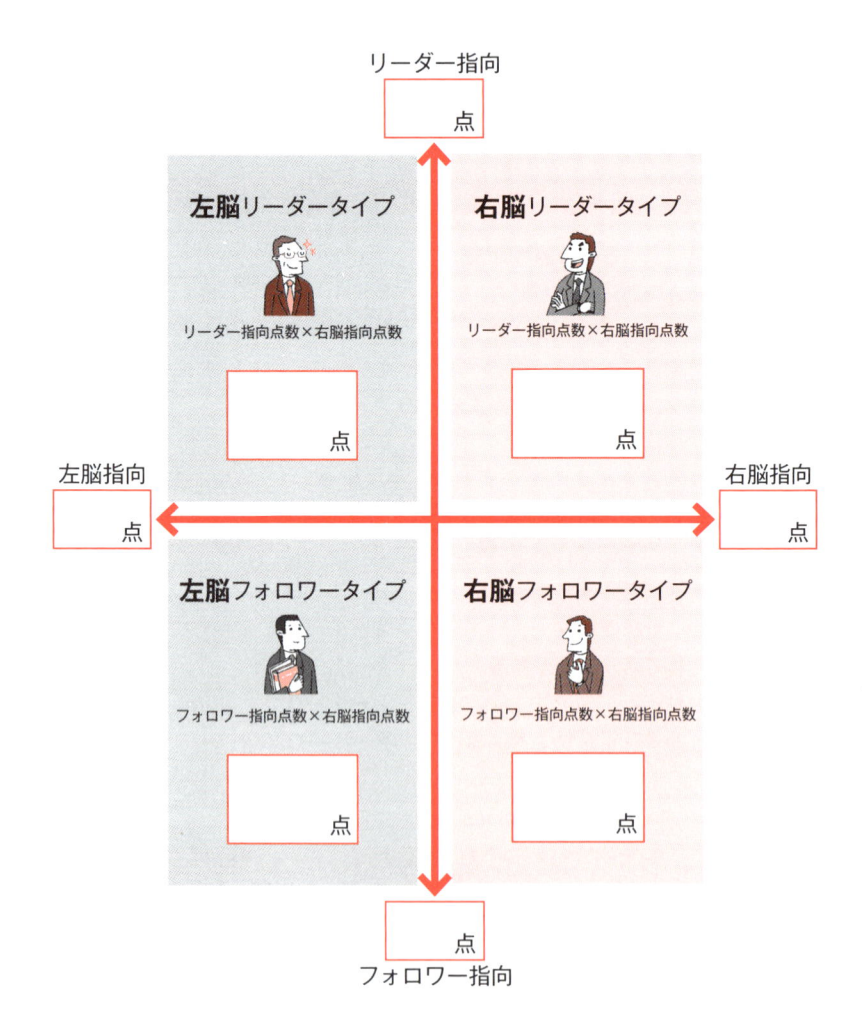

リーダー指向
[ ]点

左脳リーダータイプ
リーダー指向点数×左脳指向点数
[ ]点

右脳リーダータイプ
リーダー指向点数×右脳指向点数
[ ]点

左脳指向 [ ]点 ←——————→ 右脳指向 [ ]点

左脳フォロワータイプ
フォロワー指向点数×左脳指向点数
[ ]点

右脳フォロワータイプ
フォロワー指向点数×右脳指向点数
[ ]点

[ ]点
フォロワー指向

点数を入れてみると、なんらかの傾向（点数の優劣）は出るはずです。それは普段あなたがその人をどう見ているのかを表わしています。
　例えば、右脳リーダーの点数が一番高く、左脳フォロワーの点数が一番低かったとしましょう。
　そうするとその人は、新しいことに挑戦することが好きで、しかも感情を表に出すタイプの上司（もしくは先輩）です。
　ところが左脳フォロワーの点数が低いわけですから、自分が先頭に立つことは得意ですが、まわりに協力することや、自分で細かい数字を分析することはどちらかというと苦手なはずです。
　そうするとみなさんとしては、右脳リーダーの情熱あふれる言葉に対しては、もちろんうまく相づちを打ちながらついていく必要はありますが、それに加えて、数字の分析をサポートしたり、まわりの部署に協力するような作業を自ら買ってでるようにすれば、上司の補完関係にある非常に役に立つ人材としてみなさんのことを見てくれるようになるでしょう。
　できれば、自分がどのタイプかも同じように点数をつけてみればいいでしょう。もしくはまわりの同僚や先輩に自分がどう見えているかをつけてもらえばより客観的な評価が得られるでしょう。
　ただ、コミュニケーションは、自分がどんなタイプかより相手を理解して、合わせていこうという姿勢が大切なので、自分も左脳フォロワーが苦手なのでできませんというより、その部分を強化するのがいいんだなと考えるようにしていきましょう。

ポイント

上司の補完関係となる人材になろう。

6 リーダー（挑戦）指向とフォロワー（貢献）指向の違い

　4つのタイプの説明の前に、2つの軸についてまずは解説したいと思います。まずは「**リーダー指向**」と「**フォロワー指向**」の違いです。
　なんとなく、上司にはリーダーとしての力量を期待してしまうものですが、現実はそうではないこともあり、その辺が難しいところです。
　現在の状況をしっかり守って維持する、いわゆるマネジメントをしっかりこなす上司はフォロワー指向が強い人だと言えます。
　「**リーダー指向」の人は変革、改革に対しての意識が高い**特性があります。誰もやったことがない新しい取り組みに挑戦することにやりがいを感じ、イキイキしています。誰も手をあげない仕事に対しても自分から積極的に引き受ける気概があり、ビジョンや夢、目標を常に意識してメンバーにもそれをクドイくらいに伝えます。また、新しい取り組みは一人ではできないこともよくわかっているので、他部門や社外の人を積極的にうまく巻き込みながら仕事を進めていきます。
　一方、「**リーダー指向」の人の欠点は、一人で突っ走る傾向や、独りよがりになりがち**な場合があることです。自分勝手で空気が読めないとまわりから思われます。また新しいことを始めるのは得意ですが、取り組みを継続することが苦手な人もいます。リーダー指向の強い人とつきあうとまわりの人が疲れてしまうということもあります。
　「**フォロワー指向」の人は、自分の属する組織に貢献したいという意識が強い**傾向にあります。その動機は立身出世のためという人もいますが、多くは単純に誰かの役に立つことが好きな人が多いです。誰かが困っていると、自分の仕事で手がいっぱいだったとしても、手を差し伸べてしまうタイプです。どんな人と仕事をするときも、場の雰囲気を察しなが

ら、まわりにうまく合わせるのが得意です。部下の管理もしっかりするほうですし、ルールや約束をしっかり守ることが大切だという意識が強くあります。どんな仕事でもコツコツ続けるタイプで地道な作業を丁寧にこなしていきます。

一方、「フォロワー指向」の人の欠点は、**自ら進んで物事に取り組むのが苦手**で、指示待ちの傾向にあります。部下には自分で考えて行動しろと言いながら、自分は上からの指示を仰がないと勝手に判断できないと考えています。大局的にみれば些細なことでも社内のルールとなれば、それを丁寧に守ろうとし、部下からは堅苦しいと思われがちです。既存のやり方に縛られるタイプなので、新しい取り組みや変化についていけない面もあります。自ら新しいアイデアを出したり、挑戦することも苦手で、そのような仕事があると尻込みしてしまう傾向にあります。

上司にもさらに上の上司がいます。あなたの上司の上司が個性の強い人の場合、あなたの上司はその人のフォロワーとしての側面が眼につくかもしれません。一般的に、歴史がある企業はフォロワー指向の人が多く、ベンチャー企業はリーダー指向の人が多い傾向にあります。

２つの指向性はうまく意識を持てば両立できるので、自分の上司が優れていると思っている人は、両方の点数が高くなっているはずです。逆に、最悪の上司と思っている場合は、リーダー指向もフォロワー指向も低い点になるはずです。リーダー指向が強くフォロワー指向が弱い人ばかりの組織はまとまりがなく、フォロワー指向が強くリーダー指向が弱い人ばかりの組織は変革が進まず、停滞気味になります。

ポイント

リーダー指向の人が切り開き、フォロワー指向の人が維持していく姿が理想。

7 左脳（理論）指向と右脳（感情）指向の違いは

　続いて、「左脳（論理）指向」と「右脳（感情）指向」の違いです。こちらのほうが比較的わかりやすいでしょう。

　本来であれば上司はある程度、論理的であるべきですが、バブル世代以前の管理職は根回し、飲みニケーション（お酒を交えたコミュニケーションのこと）などを重視して育ったために論理思考のトレーニングをそれほど受けておらず、感情指向の人が多いのも事実でしょう。

　「左脳（論理）指向」の人は、冷静沈着でまわりが焦っているときでも落ち着いて物事を考えられる特徴があります。数字に強く、起こったことを分析的にとらえます。何が原因で、どのような解決策があるのだろうと複数の選択肢を提示することも忘れません。話をするときも結論と根拠が明確でわかりやすく、聞き手は納得させられます。何かに取り組むときは事前にしっかりとした計画を立て、スケジュールや役割分担を明確にして部下に伝えます。

　一方、**「左脳（論理）指向」の人の欠点は、冷静であるがゆえにどうしても冷たい印象**をまわりに与えてしまいます。まわりが盛り上がっていても大人しく静かにしている場合もよくあります。計画を立てるのは得意ですが、実行したりメンバーを動機づけることが苦手な人もいます。左脳指向が強く右脳指向が弱い人は、人づきあいが下手で一人でいることが多いです。発言もどうしても批判的になりがちで、まわりの人からは怖い人だと思われてしまいます。

　「右脳（感情）指向」の人は、仕事に情熱を燃やして、何ごとにも熱意を持って取り組む姿勢を持っています。自分の直感や感性を信じて積極的に行動し、考えて動けないよりも走りながら考えるほうがよいと思っ

ています。人と話すときにもジェスチャーなどを交えて熱っぽく語るタイプで、喜怒哀楽を見せ表情も豊かです。まわりにとっては親しみやすく、人なつっこい面も持っています。明るい反面、しっかりとまわりの人の気持ちに配慮しながら行動しています。

　一方、「右脳（感情）指向」の人の欠点は、すぐに思いつきで動くために部下がついていっても、すぐに進め方に迷いが生じます。事前に計画を考えなければいけないと思いつつ、緻密に考えたり数字的なとらえ方が苦手で、どうしても過去の経験をもとに判断してしまうことがあります。親しみやすい反面、落ち着きがない人もいます。熱しやすく冷めやすいといったタイプの人もいるでしょう。

　以前は、俺についてこいタイプの右脳派熱血上司が主流でしたが、バブル崩壊以降は、多くの会社で提案営業・問題解決・論理思考などのニーズが増えてきたために、管理職でもおとなしめで冷静沈着な左脳タイプの人が増えているように感じます。

　左脳（論理）指向と右脳（感情）指向も両立できる考え方なので、優れた上司は、両方の点数が高い人もいるでしょう。

　それでもよくよく観察すると、もともと左脳（論理）指向だった人が管理職になる過程で右脳（感情）指向のスキルを身につけた人と、もともと右脳（感情）指向だった人が管理職になる過程で左脳（論理）指向のスキルを身につけた人がいます。

　その場合は後から身につけたほうが、本人としては実は苦手意識を持っているケースが多いので、そこをカバーしていくと、評価される部下になれるでしょう。

ポイント

左脳（理論）指向の人は、考えてから動く。右脳（感情）指向の人は、動きながら考える。

8 「右脳リーダー」タイプの上司に対しては、"細かい作業を引き取る人"になる

「右脳リーダー」タイプの上司の特徴

いつも前線で部下を引っ張り、困難と思われる大きな仕事も果敢に飛び込むタイプです。このタイプの上司は部下が新しいことにチャレンジする姿勢を示さないと不機嫌になります。

上司「この新規サービスの立ち上げ、うちのグループでやろうと思っているんだ。悪いけどキミ、簡単な企画書の素案をつくってくれないか」

NG部下「えっ、今持っている仕事だけで大変なのに、これ以上無理ですよ。それにその新規サービスって、うちの会社で誰もやったことがないサービスですよね。企画書って何をつくればいいんですか？　でもそもそも本当にうまくいくんですか？」

上司「……。やってみなければわからないだろ！」

チャレンジ精神のある上司ですが、どちらかというと常に走りながら考えようとするタイプ。新しいことを始めるのは得意ですが、そのための細かい分析をしたり、コツコツと作業を続けることは苦手です。

そのあたりをしっかりとフォローして細かいサポートをしてあげればあなたはとても重宝がられます。

彼は**論理的に考えることが得意ではないので、質問するときは選択肢を示しながら聞くようにしてみてください。**できるだけ彼の考える手間を省くような効率的な報連相ができればあなたの評価は上がるでしょう。

上司「この新規事業の立ち上げ、うちのグループでやろうと思っているんだ。悪いけどキミ、簡単な企画書の素案をつくってくれないか」
　ＯＫ部下「えっ、新しい仕事に取り組むんですね、すごいですね！ 企画書ですか、新規サービスの企画書はつくったことがありませんが、やってみます。わからなければその都度質問させてもらってもよいですか？　必要な資料は目的、内容と体制、スケジュール案、概算予算くらいでしょうか。今持っている仕事量も結構ありますので、実際にうちのメンバーだけで現業と新しいサービスができるかも考える必要がありますね。わかりました。３日ほど考える時間をもらってもよいですか？」
　上司「いいよ。（あいつに頼むと話が進むなあ！）」

　右脳リーダータイプの上司は深く考えずにドンドン突っ走ります。**その考えを否定せずに段取りや計画を引き取る意識を持って接しましょう**。最終的に頼まれた仕事がうまくいかなさそうな場合でも人材不足なのか、時間不足なのか、予算不足なのかを計算して示せば、方向修正の指示をしてくれるはずです。はじめから無理と決めつけずにつきあうことが大切です。

ポイント

「面白い取り組みですね！　細かい作業は私に言ってください」と言ってみよう。

9 「左脳リーダー」タイプの上司には"明るい調整屋"になる

「左脳リーダー」タイプの上司の特徴

新しいことに積極的に挑戦していきたい、しかもそのための考え方も持っているタイプです。このタイプの上司は部下があまり考えずに行動しているのがわかるとイライラします。

上司「この前頼んでいた、新規サービス立ち上げのための顧客調査の件だけど、どこまで進んだかな？」

NG部下「あっ、すみません。営業部門に接点のある顧客のリストをくださいってメールで頼んだんですけど、まだ一人しかリストをもらえてなくて、そこでとまっています。なんで営業はいつも何を頼んでも答えてくれないんですかね。まったく困ったものです」

上司「そこをしっかり頼むのがキミの仕事だろ！」

このタイプの上司はチャレンジングな性格ですし、綿密な計画も立てられるほうですが、おとなしい性格で、他部門の人と調整やお願いをするのは苦手です。冷静に物事を考えられる反面、常に静かで場を盛り上げるのは得意ではありません。

つまり、あなたが**上司の調整役、他部門へのお願いや調整ごとを引き受けてくれると上司としてはとても助かる**存在になります。

彼は部下をモチベートするのもあまり得意ではないので、自分で自分を盛り上げて、その雰囲気を他のメンバーまで伝染させていく**ムード**

メーカーになるとあなたの評価は上がるでしょう。

上司「この前頼んでいた、新規サービス立ち上げのための顧客調査の件だけど、どこまで進んだかな？」

OK部下「あっ、すみません。営業部門に接点のある顧客リストをくださいってメールを1週間前に送ったんですが、一人しかリストをもらえなくて、昨日から順番に各営業課長のところに行って直接リストをもらえるようにお願いしているところです。はじめからそうしておけばよかったです。すみません。でも直接会ってお願いすると、みなさん快くリストを出してくれまして2日後には調査票を送れると思います。関西のKさんのほうも同じようにリスト集めに困っているようなので、同じように直接会って頼んだほうが早そうですと伝えておきました」

上司「了解、ありがとう。（同僚にもアドバイスとは気が利くな！）」

上司はいろいろ挑戦する意識はありますが、調整ごとが苦手です。他部門へのお願い、スケジュール調整や段取り確認など、ちょっとした部門連携の役割を引き受ける意識を持って接しましょう。部門の連携をしながら仕事を進める場合、相手の部署の人が「聞いてないよ」と言われるのが一番彼にとってのストレスです。常に「連絡モレがないかな」、「他にも伝えたほうがいい人はいないかな」と人とのつながりを意識しましょう。

ポイント

自分の出番ではないときも明るく振る舞うムードメーカーになろう。

10 「右脳フォロワー」タイプの上司に対しては、"頭の整理をしてあげる人"になる

「右脳フォロワー」タイプの上司の特徴

マジメで人あたりがよく、社内の調整業務もしっかりこなすタイプです。このタイプの上司は部下が、一人の殻にこもって大人しくしていると困った奴だと思います。

上司「例年お得意様を招いて実施している謝恩パーティの担当だが、今回はキミがやってくれないかな」

NG部下「えっ、私ですか？　私は人前で話すのは苦手ですし、お得意様の機嫌を損ねてはタイヘンじゃないですか。何をしていいかまったくわからないですよ〜。それって僕じゃないとできない仕事ですか？」

上司「絶対キミでなければというわけではないんだけど（困ったね）」

　上司はさまざまなルーティン（定型）業務をいかに部下に割り振るかにかなり苦労しています。1つひとつの仕事自体はそれほど大変ではありませんが、作業量がかなりあり、単純なくり返し業務のための普通に取り組めば面白みも少ない仕事が多いわけです。

　彼は頼まれたら嫌とは言えない人のいい面も持っているためにたくさんのそういった仕事を抱えてきます。頭のなかが作業であふれかえっていることもままあります。

　あなたはそこに理解を示し、**彼の頭を整理するように話を聞いてあげましょう。何もその場で答えを出す必要はありません。**最終的にやるこ

とがいくつあるのかわかるだけでも彼にとっては落ち着くはずです。

上司「例年お得意様を招いて実施している謝恩パーティの担当だが、今回はキミがやってくれないかな」

○K部下「もう、20年も続いている謝恩パーティの担当ですか。わかりました。昨年裏方で参加しましたが、いろいろ自分で新しい企画を盛り込んでもいいですか？　ずっと続いているのでややマンネリ化した雰囲気もあるかと思いまして。やることは招待客の段取りと飲食関係の準備と当日のイベント企画の大きく分けて3つと考えてよいですか？　わかりました。去年の流れを前任のSさんに聞いてからまた少し作業を整理して相談させてもらいますね」

上司「おう頼んだよ（今年はあのツマラナイパーティが変わるかも）」

　上司は新しいことに取り組んだり、企画を考えることは苦手です。部下に指示をするときもいろいろ迷って明確な説明ができないときもあるでしょう。そんなときには上司の言っていることを一度引き取って整理し、優先順位をつけて提示してあげるといいでしょう。

　彼は**新しいことに取り組むのが苦手ですが、そういったことは若手社員が率先してやってくれればいいな**と思っています。若いうちは失敗しても、経験になると割り切って、自ら切り込み隊長を買ってでてみましょう。そうすることで何かあれば相談しようと思われる一目置かれる存在になること間違いありません。

> ポイント

物事を整理しながら前に進めていく切り込み隊長を引き受けよう。

11 「左脳フォロワー」タイプの上司に対しては、"一緒にやりましょう！と元気づける人"になる

「左脳フォロワー」タイプの上司の特徴

細かいデータを分析してまとめたり、しっかりした資料を作りこむのが得意なタイプです。このタイプの上司は部下がおおざっぱな報告しかしないと怒ります。

上司「新しくする社内ネットワークシステムだが、社員に配る取り扱い説明書の進み具合はどうかな？」

NG部下「えっと、進めています。問題もありません。思ったよりも伝えなければいけないことが多そうですが、残業をしていけば説明会の朝にはギリギリ間に合うと思います。内容をチェックする時間がなさそうなので参加者が読んで理解してくれるかどうかが心配ですが」

上司「それなら、事前に流れを説明に来い！（怒）中途半端な仕事をするな！」

上司は細かく管理するタイプです。自分でも細かい仕事をコツコツこなし、社内でも堅実で信頼のある人という評価を得ているために部下にも同じレベルの要求をしてしまいます。ただし、上司は生マジメな反面、社内ではうまく立ち回れていない面も持っています。

つまり、あなたは、報連相はしっかりとしながら、**そのタイミングで上司を元気づける役を買ってでる必要があります**。なぜかというと、彼は論理的には新しいことに挑戦することの大切さを理解しているのです

が、現業の忙しさや部下の苦労を考えるとその一歩が踏み出せないわけです。そんなときに、あなたが一緒に頑張りましょうと声を掛けて何かに挑戦すれば上司も勇気が湧いてきて、何か新しいことができるのではないかと考えるようになります。

上司「新しくする社内ネットワークシステムだが、社員に配る取り扱い説明書の進み具合はどうかな？」

○K部下「ええ、なんとか間に合わせるように頑張っています。今7割ほどは書き込みました。とりあえず一通り作ってみますので、その時点でご相談させていただいてもいいですか？ 自分だけでチェックするとどうしても甘くなりますので。課長に見てもらうと視点が鋭いので助かります。せっかく新しく入れ替えるネットワークシステムですから、なんとか全社員にスムーズに使ってもらえるように頑張りたいと思っています。これで社内の業務効率があがるとうれしいですね！」

上司「そうだな。（うれしいこといってくれるじゃないか）」

上司は考えることは得意ですが、マジメな性格ゆえに常に迷います。ずっと続けているルーティン（定型）業務については自信を持ってマネジメントしますが、改革をともなう取り組みとなるととたんに弱気になったりします。なにかに取り組み始めた後も、しばしば弱気になりがちな上司かもしれませんが、**あなたが自分から積極的に動く姿を見せるととても頼もしく思ってくれるでしょう。**

ポイント

慎重派の上司の重い腰を上げさせてあげるための、背中を押す一言は何かを考えよう。

12 フォロワー力を磨いて、感謝と信頼を勝ち取ろう

　４タイプ別の対処イメージはできたかと思いますが、次の疑問はそうは言っても自分はそれほど器用なほうでもないし、相手によって合わせるのは苦手だなあという感想だと思います。

　そこで、それぞれの指向性のスキルを身につけるためのコツについてお話しします。「フォロワー」「リーダー」「右脳（感情）」「左脳（論理）」の４つの特徴を出すにはどうすればいいのか。

　やり方を覚えた後に使うかどうかは状況次第です。言ってみれば野球のピッチャーがカーブ、シュート、フォーク、チェンジアップの投げ方を覚えた後にどの球を使うかは相手次第ですが、多様な球種を知っていれば打ち取るための選択肢が増えるのと同じです。

　まずは「フォロワー」のテクニックからみていきましょう。「フォロワー」とはいろいろな解釈がありますが、この本では「組織のために貢献しようという意識」とします。ここで言いたいのは**誰かの役に立つことは相手のためだけではなく、自分にとっても好ましい結果をもたらす**ということです。

　なぜかと言うと**人から感謝され信頼されるというメリットがあるから**です。

　誰かの役に立ってその人から感謝の言葉をかけられる。人はこのために働いていると言っても過言ではありません。

　例えば、あなたが誰かのためといったことを意識せずにしたことで、あとから相手から「キミが連絡をくれなかったらミスに気がつかなかったよ。助かったよ、ありがとう！」もしくは「キミの企画書で仕事が取れたよ。すごくわかりやすかったよ、ありがとう」。こんな一言を言われる

と次の仕事も頑張ろうと思えるでしょう。感謝から得られる力は大きなものです。

また、最終的に組織の中で信頼され認められる人は必ずまわりの人をうまく引き立てられるスキルを持っています。

サッカーで言えば自分で点を取るのではなく、最高のパスをフォアードに送ってどうぞゴールを決めてくださいとアシストできる人がチームで高評価を受けます。

組織のなかで信頼を得るために必要なことはサッカーと同じで、相手の次の動きを予測することです。相手は次にどう動くかな、どのように考えるかなと先回りして準備する。そのような意識を持ってください。

予測は、はじめはあまり当たりません。的外れで逆に怒られることもあるでしょう。それでも、その姿勢は相手に伝わり、常に先のことまで考えて行動しているんだなという印象を与えます。

慣れてくるとその人の行動パターンが読めてきて、そうなるとあまりその人から怒られなくなります。ひとりのパターンが見えると他の先輩の動きもだんだんパターン化して見えてきます。

そして、初対面の人でもある程度動きが予測できるようになり、その先を見越して対応できるようになったときに、あなたは最高のフォロワースキルが身についたということになります。

みなさんが上司に頼まれた仕事を報告するときに、その内容は上司が受け取りやすい体裁になっているでしょうか。そのことに集中して対応するだけで立派なフォロワーになれるでしょう。

ポイント

フォロワーは相手が受け取りやすいパスを送る人。

13 部下もいないのにリーダーシップと言われても？

　20代の今からリーダーシップを発揮しろと言われても部下もいないし、管理職になってから考えますと思う人もいるかもしれません。
　しかし、それでは遅すぎますし、そう考えている人はいつまでたっても管理職にはなれないでしょう。

　マッキンゼーの採用マネジャーをしていた伊賀泰代さんは、著書の『採用基準』(ダイヤモンド社刊)の中で、リーダーシップは全員が必要なスキルだと断言しています。その理由は簡単で全員がリーダーシップをもつ組織は、一部の人だけがリーダーシップをもつ組織より、圧倒的に高い成果を出しやすいからだそうです。彼女は「船頭多くして船山に登る」ということわざにおける船頭を、リーダーだと解釈するのは明らかに間違っていて、その船頭は自分の主張を押し通そうとする強引な人だと言っています。
　つまり、**本当のリーダーシップがある人がたくさん集まっても、互いに主張がぶつかりあい物別れになるわけではありません。**
　もし、あなたがリーダーシップを身につけたつもりになって、上司とぶつかるようであれば、それは単なる主張の押しつけだということです。
　私が考えるリーダー指向の本質は2つあります。それは「**目的から全てを考える**」ということと、「**自分からまわりに働きかける**」ということです。つまりリーダーシップを持っている人が同じチームにたくさんいても、チームの目的を達成することが最優先になりますので、他にリーダーシップを発揮している人がいれば無理にシャシャリ出て何かを主張しようとはしないわけです。

しかし、その上司が休んでいる場合や、分担して作業に当たるときには、他のメンバーにうまく働きかけて、目的を完遂するためにコミュニケーションをとろうとするわけです。

リーダーは目的を達成するためにまわりに働きかけることができる人で、自分が主導権をとることが目的の人にはリーダーシップはありません。

そう考えると、会社でたくさんの人がいるのに、何もことが進まない場面がリーダーシップの出しどころです。誰も発言しない会議でホワイトボードの前に立つ、イベントの会場設営の準備で上司がいなくても自分から分担を割り振って進めていく、飲み会でつまらなさそうな人がいれば「こちらに入って一緒に話そうよ」と声をかけるなど「あれっ、これ誰が進めるんだろう」と思ったときにさりげなくまわりと調整を図るだけでリーダーの指向性が磨かれていくでしょう。

ビジネス環境は常に変化し、企業はその対応が求められますが、その変化はゆっくりと進むために、従来のやり方を変えなくてもいいんじゃないと考えている人は大勢います。新しいことに挑戦するリーダーとはそういった緩やかな変化に気がついて、対処しようと声をあげる人です。若いうちはそこまではと思うかもしれませんが、声をあげることに慣れてくると見て見ぬふりをするほうが気持ち悪くなるものです。

ポイント

気づいたのに知らんふりしない、これがリーダーシップの第一歩。

14 論理的に考えるのが苦手ならば、まずは型を覚えてみる

　自分は論理的に考えることが苦手だと思っている人の多くは、そのスキルは身につかないものとあきらめているケースが多いです。

　論理思考といっても別に数学者になるわけではなく、いくつかのパターンを覚えるだけで仕事に必要な論理性の多くはまかなえます。

　言ってみれば、マナーを知らない新入社員が単なるマナー講座を受けて名刺交換や敬語の使い方を身につけるのと同じです。

　論理的に考えられない人は、とても非効率な仕事のしかたをしています。例えて言うなら、掛け算を知らない小学生が $2 \times 8 = 16$ とできるところを $2 + 2 + 2 + 2 + 2 + 2 + 2 + 2 = 16$ とするようなものです。

　論理的に考え、伝えるテクニックは、のちほど細く説明しますが、基本となるのはこの2つです。

　①話すときには「論点、結論、理由を言う」こと
　②考えるときには「選択肢を出してから、評価し決める」こと

　考えたり、話したりするときに意識しているでしょうか？

　話すについては「結論を先に言う」というセオリーをよく聞くと思いますが、それは理由より先に結論を言うだけであって、その前に何の話をするのか、つまり論点をしっかり言うことが大切です。

　論点とは「頼まれた資料作成の進捗具体の件ですが」とか「先ほどおきたクレームの原因ですが」といった何の話をするのかということです。

　お互いわかっているよねと思いがちですが、説明を途中までして「ちょっと待って、何の話をしているんだっけ？」と聞き返された経験がある場合は論点が伝わっていないわけです。

　そして常に自分の伝えたいことは何かなと考えて結論を決め、なぜそ

う言えるのかという理由を述べます。論理的に話せない人は何が結論で何が理由か曖昧です。

理由は複数言いましょう。例えば「この提案がよい」と言いたいなら「企画が面白いから」「すぐに効果があるから」「予算的に可能だから」といった感じです。理由が1つで「とにかく面白いんですよ！」だけで押してきても聞き手は納得しません。

ところが自分のなかでまだ結論が明確ではないときがあります。その場合に2つめの「考えるとき」が出てくるわけです。

結論がないときに考えずに上司に相談してはいけません。「ちょっとは、考えてから来いよ」と言われます。

考える行為は2つに分解できます。「選択肢を出すこと」と「決めること」です。論理的に考えられない人はこの2つの行為を行ったり来たりします。

「ああしようかな、でもここがダメかな。こうではどうかな、でもやっぱりイマイチじゃないかな……」行ったり来たり同じところをグルグルまわります。

まず選択肢をできるだけ漏れなく出し尽くします。それからその選択肢をメリット・デメリットで評価しながら絞り込み結論を出します。それだけでずいぶんと時間短縮ができます。

論理思考もマナーと同じ1つの型だと考えましょう。**得意不得意より使うか使わないかで差が出ます。**

ポイント

常に自分なりの結論を意識しよう。

15 感情を出すのが苦手ならばまずは明るい人を演じてみる

　私はおとなしい性格で人づきあいも下手だし、感情を表に出すのは苦手だと思っている人は、仕事で他人と接する顔は全て演技だと割り切ってまずは表情を作ってみるといいでしょう。

　自分は人見知りするタイプなんですと考えている人は多くいると思いますが、研修などで参加者の人に**自分のことを人見知りするタイプだと思う人をたずねると８割以上の人が手をあげます**。つまり、あなたと接している相手もたぶん人見知りするタイプなんです。

　私の昔の上司に、日本人と話すときは非常にもの静かに話すタイプの人がいたのですが、英語を使って外国人と話すときには急にテンションが上がり、明るい人のように振舞っている姿を見て驚いたことがありました。

　上司にそのことを聞くと「文化の違う人と、うまくコミュニケーションを取るために仕方ないだろ」と言っていました。つまりは価値観が違う人とコミュニケーションを円滑に取るためにはある程度の演技して明るく振舞うことも必要ということです。

　上司にとって一番困るのは、説明しているのに聞き手である部下が無表情で理解しているのかどうかわからないときです。「わかってるの？」と思わず聞くと、「わかっています」と反応しますが、じゃあわかっている顔をしてくれよと思います。

　自分をわかってもらう努力をするより、自然にわかってくれる人だけとつきあいたいという気持ちもわからないではないですが、それではせっかくの成長の機会を狭めてしまいます。

　組織に属して誰かと仕事をするわけですから、仕事はその誰かが持つ

てきます。あなたがやっている仕事は誰かがあなたに割り振ったものです（仮に自分でこれがしたいと言ったとしても、上司がOKを出しているはずです）。そして面白い仕事があったとして、上司はその仕事を誰に割り振るかというと、喜んでくれる人に渡すでしょう。

せっかく、やりがいのある面白い仕事があるとして、その仕事を無表情な部下に頼んで、淡々とこなしたとしてもなんだか張り合いがありません。どうせなら、頑張る表情や、喜んだり楽しんだりする表情をしそうな人に任せて、その反応を見たいと思うのではないでしょうか。

演技すると言いましたが、表情を無理につくるより、心のなかの演技で「この人と本当にうまくやっていきたい」と自分に言い聞かせてみましょう。そうした考えをするときに出る表情くらいがちょうどいいはずです。

また、トイレの鏡で自分の表情を見てみましょう。**結構、ブスッとしているものです。**そのときに少し表情をつくってみます。

親しい家族や友人と接するときには、普段は無表情な人も自然な笑顔を見せているでしょう。急には無理かもしれませんが、そのときの表情を思い出してみるのもイメージトレーニングになります。

自分が心を開く態度をとると、相手の態度が変わります。そうすれば演技ではなく、少しずつ自然な表情も出るようになるものです。

表情をつくるのは、人間関係をよくするため。人間関係をよくするのも仕事のうち。そのように考えて練習してみてください。

ポイント

表情も練習すればうまくなるもの。

16 ポジティブであれば成功するのではなく、ネガティブだと成功しないだけ

　みなさんは、自分のことをポジティブなほうだと考えていますか、ネガティブなほうだと考えていますか。

　もともとの性格もあるとは思いますが、おかれている環境によって答えは変化してくるものです。

　会社に入ったときはやる気に満ちあふれていたのに、半年もすると単調な仕事の毎日に飽きてきたり、人間関係に疲れてきたりと、どうしてもネガティブな考え方が自分のなかを支配してくるものです。

　そんななかでも、超ポジティブに振舞っている先輩もいますが、見ていて「あそこまではチョットね」と思ってしまう人もいるでしょう。

　上司に「もっとポジティブに考えてよ」と言われたら、「そんなこと言われても私はどうせネガティブですよ」と思ってしまいます。

　仕事をするうえで、ポジティブであることはどの程度大切なのでしょうか。名経営者や大金持ちの成功物語を聞くと、すごいポジティブシンキングだなと思うものですが、ポジティブシンキングだからと言って、必ずしも成功するわけではありません。

　しかし、ネガティブに考えていて成功した人を私は見たことがありません。理由は簡単で、やりがいのある仕事や可能性のある機会は、全て他人が持ってくるものなので、**ネガティブな人には誰もそのような機会を与えようと思わないですし**、仮に与える人がいたとしても、ネガティブな人は自らその機会を断ってしまうからです。

　いずれにしてもポジティブに考えられるスキルは人生を満足いくものにするための十分条件ではなく、必要条件なわけです。

　ゼロイチで考えることではないですが、仮にポジティブな人の30%が

成功するとして（統計を取ったわけではありませんが）も、ネガティブな人で成功する人は限りなく0％に近く、逆に言うとネガティブだとほぼ100％成功しないわけです。

しかしながら急にはポジティブに考えられないと思いますので、1つテクニックをご紹介しましょう。

「事実は1つ、考え方は2つ」というものです。陽転思考という考え方で、和田裕美さんという方が提唱されています。

例えば、お客さんに怒られたとしましょう。事実は1つです。ポジティブな人はここでいきなり、「よしチャンスだ！ このお客さんの怒りを静めるような提案を持って行ってがっちり信頼を勝ちとろう！」と思うかもしれません。しかし普通はこうはなりません。普通は怒られたら気分が悪くなります。反射的に暗く（陰になる）のは自然な人間の反応です。しかし、時間が経てば気持ちも治まり、これも何かいい機会ととらえられないかなと明るいほうに考える（陽に転じる）というわけです。

何かできごとがあると、人間は脳が反射的な反応をします。これを「情動」と言ったりします。ある意味動物的な無意識の反応です。

次に自分の意識的な反応として「感情」がおこります。ある意味人間的な反応です。これには自分の価値観が反映されます。

つまり、テクニックでポジティブシンキングを身につけるには、**無意識にカッとなったり、イラッとするのは動物的にしかたがないことだと割り切ります**。それも「よしよし」と自分をなだめて人間的に建設的に行動しようということです。

ポイント

根っからのポジティブではなく、テクニックとしてのポジティブシンキングを身につけよう。

17 信頼はコントロールできない、約束はコントロールできる

　信頼・信用されることは、コミュニケーションをうまく進めるうえでも、人間関係を維持するうえでも最も大切なことだと言っても過言ではないでしょう。

　ところが、信頼されるかどうかは自分ではコントロールできません。「私たちはお客様の信頼できるパートナーです」と企業がＰＲしている説明を聞いても、それはお客様が決めることだなと思います。

　では、どうすれば信頼を得ることができるのでしょうか。常に前向きな姿勢でいる、自信ありげな話し方をする、いろいろなポイントがあると思いますが、一番大切なことは、約束を守ることです。

　約束を守るかどうかは自分でコントロールできます。そのなかでも、**特に小さな約束を守ることが大切です。**

　「お客さんにお礼のメールを打っといてくれる」と上司に言われたらすぐにメールする。「納期が間に合うか確認しといてよ」と言われたらすぐ確認して報告する。会議の開始時間に、たとえ他の人がどれだけ遅れようとも自分は遅れない。突発的なトラブルがあり、少しでも遅れるときは、必ず電話でその旨を伝える。

　何も大それた仕事を達成する必要はありません。約束を守るだけでいいんです。そのような小さな積み重ねが信頼へとつながります。

　それでも信頼されていないと思うのなら、まだ時間をかけていないということです。信頼は理屈ではありません。信頼は実績です。信頼は前借りできません。信頼は積み重ねるしかありません。

　しかも**信頼を築くのには時間がかかりますが、失うのは非常に簡単です。**メール打っといてねと言われたのに、つい忘れてしまった。確認し

ておいてと言われたのについ後回しにしてできていなかった。その1つの失点を回復するのに、守らなければいけない約束は1つではありません。信頼を失うのは早く、得るのは時間がかかります。

しかし、そのような簡単なことで信頼度を下げてしまっている人が大勢います。自分以外の人が約束を守らないのをみて自分もしてもいいやと思ってはいけません。そのようなときに約束を守ると信頼のポイントはいっきに稼げます。逆にみんなが当たり前に守る約束では、それほど点数になりません。

コクヨには「信用のキップ」という言葉があります。創業者の黒田善太郎の言葉で「信用は世間からもらったキップや。十枚あっても、一枚使えば九枚になり、また一枚使えば八枚、といった具合に減ってしまう。気を許すとあっという間に信用がなくなってしまう。(中略)信用は使ってはならない、使わなければどんどん増えていく」と言っています。

信用されていると思うと、つい油断し甘えてしまう気持ちを戒めるいい表現だと私は思います。

時には約束を守れないときがあるでしょう。仕事ですから急な用事があったり、頼まれた作業を進めるのに思わぬ時間がかかることもあるものです。

そんなときには事前の報告が必須です。相手に言われる前にこちらから言う。言い訳をしないでお詫びをする。

そのスタンスで仕事をしていたら、必ず頼りにされ少しずつ大きな仕事を任されるようになるはずです。

ポイント

小さな約束を守ることで信用のキップはためていこう。

18 相手のことをわかろうとする、しかし相手のことは完全にはわからないというスタンスで考える

　この章は相手のことを理解するためのテクニックを書いてきました。逆説的になりますが、相手が何を考えているかは完全にはわかるはずがないと考えることをお勧めします。それは人づきあいにおける過信を防ぐためです。

　みなさんには、なんでもわかりあえる親友が何人いるでしょうか。

　大抵の人は2～3人と答えるのでしょう。それでも、その親友にですら話せないことはあるのではないでしょうか。もしくは、わかりあえているつもりで過信して思わぬ行き違いがあり、大喧嘩をしたことがある人もいるでしょう。

　かなりの部分、価値観や考え方を共有して、気心もしれた間柄でも、互いに気を使いあって接することが必要なわけです。

　これは家族のあいだでも言えることで、感謝の気持ちがあるだけでは伝わらず、しっかり声に出して「ありがとう、助かるよ」と言うことが家族の関係を維持するのに大事だと言われます。

　そのようなわかりあえた関係でも、一定の配慮が必要なわけですから、仕事でつきあう人における**「相手の気持ちになって考える」とは、かなり論理的な作業になります。**

　例えば「このように話せば、相手が思うことはAかBかCのどれかだろうな。そのうちでもAと思う確率が一番高いかな」と推測した上で、話してみます。

　そして、常にアンテナを立てて相手を観察し、事前の推測が間違っていないかを確認します。**相手の表情を見ていれば、思った反応ではない**

場合には、微妙な顔をしているはずです。

　そして、そこからどのように話すのかを相手の反応を再度推測しながら考えます。

　相手のことをわかろうとする、相手を理解する作業は、これくらい地道な細かい作業になります。

　ところが、結構短絡的に「あの人はいつもこう考えている、仕事に対するスタンスはこうだ」と決めつけてしまいがちです。このように相手のことをわかったつもりになるとうまくいきません。

　私も実は、他人のことをこう考える人だと決めつけて失敗したことがあります。「この人は仕事は適当にして、趣味に生きている人なんだな」と決めつけて接していました。なので、その人には単純だけど楽な仕事ばかりをお願いしていました。ところがあるとき、その人から「自分ももう少ししっかり考える仕事がしたいんですけど」と言われて驚きました。よくよく話すと仕事を通して成長もしたいし、やりがいのある仕事にも取り組んでみたいと言われました。

　なるほど、他人の考えをその行動やしぐさから決めつけすぎてはいけないなと反省したものです。

　常に相手のことをわかろうとすることは大切ですが、わかった気になるのは危険だということを知っておいてください。

　自分が取った行動に対して、相手はどう思うかと自問自答する。そして、相手の表情を見ながら修正する。

　相手の気持ちを察することができる人とはこのような細かい気配りをしているはずです。

ポイント

相手の考えはわからない。だから表情を見ながら話す必要がある。

Column

「私って誤解されやすいんです」、その原因は自分にあります

　みなさんはまわりの先輩や同僚を見て、「暗い人だな」とか、「いつも仕事に手を抜く人だな」とか、「都合のいいことばかり言う人だな」と思うこともあるでしょう。そんな評価をしてしまうのは、その人の行動や雰囲気から感じ取れるもので、その評価の責任はあなたではなく、その人にあると思いますよね。つまり、あなたの評価もあなた自身が日頃発信している言葉、表情、行動に責任があるわけです。

　よく「私は誤解されやすい性質(たち)なんです」という人がいますが、それはその人がそのような表情や言動を"無意識"にしているからです。

　派手な髪型で自分はマジメな性格ですと言っても、普段敬語を使えないのに、まわりに気を使っていますと言っても人は信じてくれないでしょう。

　身だしなみや態度であれば、直せるかもしれませんが、やっかいなのが無意識の行動です。お客さんからの厳しいクレーム電話の後に「ちっ!」と舌打ちしていたり、ため息をついていたりと、自分では気がつかないしぐさでも、他人はその人の評価をしています。

　自分としては、ここぞというときだけで自分を評価してほしいと思いますが、残念なことに、なにげない、気の抜けた状況でのやり取りも含めて、まわりの人はあなたを評価しています。都合のいいときだけを見て判断してくれるはずと"誤解"してしまわないよう肝に銘じましょう。

第2章

「聞く力」をUPさせる
表情と思考のコツ

ふだん仕事をする際に、話すことに比べ、聞き方について考えることは少ないのではないでしょうか。
ところが、この聞き方ひとつで相手との関係は劇的に変わります。相手がどんどん話したくなるテクニックについて考えていきます。

1 なぜ話す前に聞くことが大切と言われるのか

　上司の話を聞いているつもりでも、ダラダラ長くて理解ができずボーッとしてくることもあると思います。どうしてそんなに眠い話ができるのか、お経のように聞こえてきます。

　話がよくわからないので曖昧な表情をしていると、「おい、しっかり聞いているのか？」と質問され、とっさに「は、はい！」と答えると、「じゃあポイントは何だ？」とツッコまれて、答えられずにアワアワしてしまうこともありますよね。

　他人の話を聞くことは、もちろん大切だとは知りながら、どのように聞けばいいかとなるとあまり知識としては知らない人が多いのではないでしょうか。

　この章ではコミュニケーションの「話す」と対になる「聞く」について考えていきたいと思います。コミュニケーションは話し手の「思い」を「言葉」に置き換え発信し、受け手が「言葉」として受信し、解釈をして「意味」を理解して完了します。ところが、このプロセスのどこかにミスがおこり、互いの理解が得られないという結果になるのです。

　その原因は話し手が「思い」をうまく「言葉」にできない部分もありますが、聞き手が「言葉」を正確に聞き取れない、「言葉」を話し手の意図どおりに解釈して「意味」を理解しないということがあります。

　聞くことの難しさは、それくらいにしておきますが、ここではもうひとつ、うまく他人の話を聞けるとどんないいことがあるのかという話をしたいと思います。

　あなたは、誰の指示なら快く動こうとするでしょうか？
　信頼している人、自分に対して興味や好意を持ってくれている人、そ

んなところではないでしょうか。

　デール・カーネギーが著書『人を動かす』（創元社刊）のなかで、人を動かす原理として「重要感を持たせる」ことが大切だと述べています。つまり自分のことを重要な人、大事な人だと思ってくれている人のことなら進んで話を聞き、従おうとしてくれるということです。

　そして、その相手に興味を示し、話を聞き、そしてほめるという行為が好意を持たせるのに有効だと言っています。

　人を動かすというと、どのように説明するかという話し方に注目が集まりがちですが、**他人の話を普段どのように聞いているかが他人への影響力に大きな違いを生むわけです**。相手と信頼関係を築くため、仕事を円滑に進めるため、そして何より相手に自分の思ったように動いてもらうために聞くスキルはとても重要です。

　最近では、コーチングスキルといって、管理職を中心に部下の話をしっかり聞くというトレーニングをする会社も増えてきています。上司側でも一方的に部下に指示をするのではなく、部下の話を聞きながら、信頼関係を築いて、動いてもらうというスタンスの表れです。

　そして、もちろん若いうちは他人の話をしっかり聞いて理解する、勉強するという意味もありますが、上司や先輩との良好な関係をつくる、そうして自分の意見や行動も認めてもらう、そんな効果を狙っていきたいものです。

> ポイント

自分の話を聞いてくれる人の話は聞こうと思うもの。

2 聞いているサインは、ちゃんと相手に届いていますか？

　私は講師として人前で話す機会も多いものですから、受講者がどのような姿勢で聞いてくれているかということが結構、気になるものです。
　30人くらいいる会場を見渡してみると、大抵6〜7割くらいの人は無表情でただマジメに話を聞いています。
　他人の話を聞くときにマジメに聞こうと思っていると、どうしても神妙な顔つきに見え表情は硬くなり、相手にとってはお地蔵さんに話しかけているように感じられます。
　せっかくしっかりと話を聞いているのに、それでは非常にもったいない話です。
　前項でも述べましたが、コミュニケーションは話し手が発信して、聞き手が受信するというプロセスです。ところが、話し手のほうは聞き手がしっかりと受信できているかなということを表情を見ながら確認するわけです。
　コンピュータの通信でも受信側は受信したよという信号を発信側に送ります。その合図がないと発信側は途中で何か障害がありうまく受信できなかったのかなともう一度、同じ情報を送ろうとします。
　人と人とのコミュニケーションでもそれとまったく同じです。**しっかり聞くことも大事ですが、それと同じくらい聞いているという合図を話し手に送ることが大切です。**
　合図と言っても、別に特別なことをする必要はありません。「うなずき」と「相づち」を打つだけです。
　ところがこれが結構意識しないとできないもので、先ほど言いましたように研修で「うなずいてください」と言っても、ほとんど顔が動かな

い人がかなりいます。「動いてないですよ」と指摘しても「そうですか？　動かしているつもりなんですけど」と言われます。

そこで、今度は大きな声で「みなさーん、首！　動かしてくださーい！」と幼児に教えるように説明すると、やっとウンウンとうなずいてくれるものです。

心のなかで、ウンウンと言っているので、それが表情やしぐさにも出ているつもりなんだと思いますが、**20年以上そのスタイルでやっているものなので、急には首は動きません。**他人からみるとまったくの仏頂面になっているのです。

そして、相づちのほうですが、これは、相手の話に合わせて、「へぇ〜」とか「なるほど〜」という反応を示してください。

これも「自分が言ったか」ではなく、「相手に届いているか」が大切です。

相づちと合わせて、話を聞いているサインとして「おうむ返し」をするというのがあります。これは相手の言っていることをそのまま相づち代わりにくり返すというものです。

例えば、話し手が「この前、北海道に行ってきたんですよ」と言えば、「北海道に行ってきたんですか！」とそのまま返すやり方です。

おうむ返しばかりだと話が進まないので、相づちを入れながら、少し単調になったところでおうむ返しをしていきましょう。

はじめは意識してしていただきたいので、ややオーバーなくらいでちょうどいいでしょう。大切なことは相手に聞いているよというサインが届いているかなと意識することです。

ポイント

うなずき、相づちはオーバーに。

3 自分が話を集中して聞いているときの表情を知っていますか？

　自分が話を聞いているときの表情を見たことがありますか？
　この本の編集担当の木下さんは、以前、自分が話を真剣に聞いている姿をビデオで見て「鬼の形相」をしていると思ったそうです。
　自分では真剣に耳を傾けて話を聞いているわけですが、集中すればするほど自分の表情が怖くなるという結果になっているということです。

　みなさんは自分の聞き方のよい点と問題点を知っているでしょうか。
　話を聞くときに無意識にしてしまうNGパターンがいくつかあります。残念なことに、これは自分ではなかなか気がつきません。
　思わずしてしまうのが、腕組みや、脚を組むといった動作です。リラックスしようとしてしてしまうのですが、**腕組みは相手に「拒絶」というメッセージを送りますし、脚を組むのは「横柄」に見えてしまいます。**
　また、テーブルに肘をついたり、逆にテーブルの下に手を隠したりというのもよくありません。机のある場所で話を聞くときは手はテーブルの上に出して、できればメモを取りながら聞くといいでしょう。
　書くことによって眠くなりにくいといった効果もありますし、話しているほうも自分の言ったことをメモしてもらうとうれしくなるものです。
　また、表情ですが、特に意識してほしいのは口の形です。
　人間の口は真横一文字よりやや両端が下がる山形になっています。ところが油断するとその山の角度はドンドン高くなっていきます。みなさんも何か集中して仕事をしているときに、他人から「怒っている？」と聞かれた経験はないでしょうか。
　普通にしていると、結構怖い顔をしているものなのです。

なので笑顔をつくりましょうとなるわけですが、笑顔と笑い顔は違います。笑うというと歯を見せ笑うというイメージがあるかもしれませんが、その必要はありません。

やってほしいのは口角を上げるということです。口の両端の部分を口角といい、その部分を上げることでニコッとした表情をつくります。

笑う（laugh）ではなく微笑む（smile）のです。イルカの口を真似するとうまく口角が上がるともいいます。

口角を上げるのは相手に心を開いてますよ、話を聞いていますよというサインです。別に楽しいわけではありません。

口角を上げるのにも筋肉を使います。背筋をピンと伸ばした姿勢を維持するのが疲れるように、口角を上げ続けるのははじめはそれなりに疲れます。ところが、この状態を維持し続けると背筋を伸ばすのが気持ちよいようになんだか気分がよくなります。心と体はつながっているもので、口角を上げるという動作を維持することで、気分もよい状態が維持できるのです。

最後に、視線の話ですが、視線が常に下を向いて聞いている人もいますが、これではアイコンタクトも取れません。

かといって、話し手の眼を見ると互いに緊張してしまうという人もいるでしょうから、話し手の鼻の先や、顔全体をなんとなく見るのでいいでしょう。

ここぞというときに眼を合わせると、それが理解しましたという合図にもなるものです。

ポイント

口角を上げて、心を開いているというサインを送ろう。

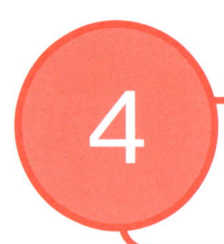

4 考え方が違うと思ったら右脳は休めて、左脳で話を整理する

　他人の話を聞くときに、一番難しいのは自分の考えと違う意見を聞くときでしょう。
　「ん？　何か私の考えと違う！　この人は何を言っているんだ……。よくわからない。そう思ったら話が頭に入ってこない。ああどうしたらいいんだろう。早くこの時間終わらないかな」
　このようなときは感情的になっていきます。気持ち的に受けつけないと思ってしまうとまったく理性が働きません。
　そんなときは、感情的な気持ちのスイッチを一度切って、まずは左脳で相手の言っている情報を論理的に整理しながら聞くようにしてみましょう。もちろん表情は相手に聞いているというサインを送ってください。
　いきなり、相手の話は聞いても無駄だと思ってしまうと自分のほうも思考停止になってしまいます。無駄というのはその時点で「判断」してしまうことで、**大切なことは「判断」を先延ばしにして、とりあえず話を「整理」しようとしてみてください。**
　整理するポイントは自分の考え方との相違点と共通点はどこかということです。一見するとまったく違う意見に聞こえる話でも、話の要素を分解していけばいくつかの共通点が見えてくるものです。
　共通点が少しでも見えると気持ち的にも落ち着きます。
　そして、相手はなぜ自分と意見や考え方が違うのだろうかとその理由を考えながら聞いていきます。
　例えば、「競合に勝たなければ売上はあがらない。仕事なんだから残業してでも時間をかけて品質を守るべきだろ」と誰かが言ったとします。
　あなたは別の考え方をもともと持っていて「時間内にできる最高のパ

フォーマンスをあげることをくり返すしか中期的にみて勝つ方法はないはずだ、いつもいつも残業していては体が持たないし、結果的に品質が下がってしまうはず」と思っていたとします。

左脳で聞けば、共通点は「競合に勝つべき」「売上をあげることは大切」「品質がそのなかでも重要」とわかります。そして相違点は「残業してでもその日中に終わらせるべき」か「残業を続けると長続きしないので限られた時間で頑張るべき」かと整理できるでしょう。

ここまで分析できれば後はどのように目的である「品質を維持して競合に勝つか」の方法をを議論すればいいんだなとわかります。

話し手が左脳指向の場合は結論と理由がハッキリしていることが多いので、チェックするポイントは納得できる理由かどうかです。

もし理由が不十分だと思うのであれば、どのような視点が足りないから意見が違うのだろうと考えてみましょう。質問を考えながら話を聞いて、その部分を確認すれば合意点が見つかるかもしれません。

話し手が右脳指向の場合は、話がまとまっていないことも多く、感情を込めて話すので、話の整理は、何が論点で、何が結論で、何が理由かなと言っていることを分類するだけになるかもしれません。

話している内容が理解できないときは、その合図も送りましょう。ちょっと理解がついていかないんですよというサインは、口角を上げたまま、眉間に少ししわを寄せてみる。もしくは口角を上げたまま、少し首をかしげるポーズをとります。そうすれば、話を聞く気持ちはあるけど、意味が伝わっていないようだなと相手はわかってくれるでしょう。

ポイント

判断は先延ばしで、話の共通点と相違点を整理しながら聞く。

5 雑談で何を話していいかわからないときは

　営業でお客さんのところへ訪問するときに、普段は上司と行くのに今日は初対面の技術職の先輩と二人だけで行くということになりました。

　そんなときは、客先での商談よりも、行き帰りにこの先輩と何を話したらいいんだろうなんてことが気になったりするものです。

　同じ世代の人であれば共通の話題も見つかりやすいけれど、先輩は何に興味があるんだろう。

　勇気を出して、「何かスポーツとかされるんですか？」と聞いたところ、「特にはしてないなあ」なんて返されたりすると、その後どう話をつないでいいのかまったくわからなくなるものです。

　しょうがないからガマンして、この居心地の悪い時間を黙って耐えるしかないかなあなんて思ったりします。

　雑談というと無駄話と思うかもしれません。それなら携帯でメールをチェックしたり、考えごとをしているほうが有意義だと思うかもしれませんが、そのようなときこそ人間関係をつくるチャンスです。

　なぜかというと、**社内で一度でも話したことがある人とほとんど接したことがない人の頼みごとでは、明らかな差が出てくるからです。**

　カンザス大学のダニエル・バトソン博士の調査によれば、お互いに事前にコミュニケーションを取っている状況では、45％が相手に対して協力的な振る舞いをするのに対して、相手と面識がない状態のときには、協力的な反応を示すのは０％だったということです。

　雑談の話題と言えば、天気、趣味、出身地、旅行などが定番ですが、**社内であれば普通に仕事の話から切り出してみることをお勧めします。**

　例えば「普段はどんな仕事をされているんですか？」とか「毎日、残

業は多いんですか？」など、社内の人であれば、細かい守秘義務とかを気にしなくても、そのあたりから始めるのが自然でしょう。

そうして、うなずきや相づちを交えながら、相手の話に興味を持っている姿勢を見せましょう。

特に普段話をしない部署の人だと、その部署がどのようなことをしているのかを知るだけでも、のちのちの役に立つはずです。

そうして、自分なりの仕事の苦労や最近あった失敗談などを話してみます。たいていその人も同じような経験があるものなので、共通点が見つかれば、あとは仕事のコツや苦労話などを聞くことで場が盛り上がるでしょう。

ただし、ずっと仕事の話というのも芸がありませんので、ある程度会話が暖まったところで、プライベートな話題をふってみます。

話の切り出しとしては、どうとでも返答がしやすい質問、例えば「休みは何をされているんですか？」くらいがいいでしょう。

スポーツ、旅行、食事、買い物など趣味の話でも、子どもや家族、住まいの話でも、この一言で相手の方向性をつかむことができます。

旅行の話になれば、「最近どこに行かれましたか」と聞けばいいですし、「子どもの面倒をみるだけかな」と言えば、「お子さんはおいくつくらいなんですか」と聞けばいいわけです。

場合によっては自分の興味のない話かもしれませんが、そこは人間関係をつくるのが目的だと割り切って、まったく知らないことでも興味を持つふうに振舞いましょう。そのように話していると自然に興味がわいてきたりするのが雑談の面白いところです。

ポイント

雑談は人間関係を築くための潤滑油。

6 指示が漠然としていたら、どうやるかではなく、なんのためにやるのかを確認する

「担当の営業マンと提案内容をつめておいてくれるかな」上司の指示はいつもこれくらい曖昧です。どう聞いていいかわからずに、思わず「はい」と答えて席につき、それから悶々と悩んでしまいます。

上司の指示は短く漠然としています。「悪いけど、昨日の講演会の議事録まとめておいてくれるか」。それくらい端的なことが多いでしょう。

これには上司の指示が言葉足らずで下手という場合もありますが、多くの場合は上司としては、**部下に推測してほしい、考えて動いてほしいという思いもあって細かく説明していない**という面もあるでしょう。

そうした、曖昧な指示を受けたときに、悩むことはどこまで丁寧にしたらいいんだろうということです。あまり時間をかけるようなことでもないし、かといって「どれくらい丁寧にやればいいですか？」と聞けば「しっかり丁寧にやってくれ」と言われそうです。

結果的に、かなりの時間をかけて講演会の議事録をまとめて4ページも渡したら、「えらい時間がかかったな、しかもこんなに丁寧にしなくてもよかったのに」と逆に無駄な時間を使っていることをとがめられたりするものです。

上司の指示が曖昧なときに、一般的には「どうやればいいんだろう」と考えがちですが、それより前に「なんのためにやるんだろう」という目的を考える意識を持ってみてください。

例えば、先ほどの講演会の議事録とすれば、目的が「議事録を社内で回覧して共有すること」なのか「上司が活動報告を2、3行書くためのメモとして必要なこと」なのかでつくるべき資料のクオリティが変わってきます。

また例えば「明日の10時から人が来るから2時間会議室を予約しておいてくれるか」と上司から頼まれたとして、急な話なのでどの会議室も空いていなかったとします。いろいろ会議室を予約している人を調べて電話で会議室をゆずってもらえないかとお願いしてもなかなかうまくいきません。全て確認してから上司に「会議室を予約している人、全員に聞いたんですが全て断られてしまいました。すみません、外の貸し会議室を探しましょうか？」と報告したところ、「じゃあいいよ、そのへんのオープンミーティングで済ましちゃうから」なんて言われて、肩の力が抜けてしまいます。

　仕事は全て「①目的：なぜするのか（WHY）」→「②指示：何をするのか（WHAT）」→「③手段：どのようにするのか（HOW）」の順番で考えるべきです。

　議事録の件であれば「（WHY）上司の2、3行の報告のメモのため」→「（WHAT）議事録を書く」→「（HOW）興味を引きそうなトピックの箇条書き程度」となりますし、会議室の件であれば「（WHY）パートナーとの打ち合わせ」→「（WHAT）会議室を予約」→「（HOW）場所さえあれば個室である必要はない」となるはずです。「なんのためにやるんですか？」「目的はなんですか？」と聞くと、「ゴチャゴチャ言わずにやれよ」と怒られてしまうかもしれません。「議事録はどのくらいの精度でまとめればいいですか。ちなみに何に使われるんですか？」「会議室はどのような部屋がいいですか。ちなみにどのような方との打合せですか？」というように少しアレンジして目的を確認してみましょう。

ポイント

目的を聞き出せれば、手段はおのずと見えてくる。

7 忙しくて上司の指示が受けられないときは

　忙しいときに頼まれた仕事を「いや、すみません。今忙しくてできないです」とはなかなか言えません。

　部下としては、いろいろ同時並行で仕事をやるとわけがわからなくなるので、1つひとつ片付けて、順番に作業をしたいという気持ちもあるでしょう。そのようなときに限って割り込みの仕事を頼まれます。

　そんなときに、考えてほしいのは仕事の重要度と緊急度です。**後から入ってきた仕事でも緊急な内容だったり、より重要な内容だったりする場合は、今の仕事を止めてでもそちらに注力しなければいけません。**

　ずいぶん昔のことですが、ある後輩に仕事を頼もうと思ったら、「いろいろあって忙しく、今できないんですよ」と言われました。何をやっているのか書き出してみてとお願いすると、ほとんどがメールの返信や備品の注文、資料の片付け、交通費の清算といった優先順位の高くない仕事ばかりでした。それでも彼は大マジメです。いろんな先輩から同時並行で仕事を頼まれるので優先度を判断できなくなっていたわけです。

　そこで、その作業リストに見込み時間と〆切を書き込むように指示しました。そうするとたくさんあった作業も毎日3つずつそれぞれ15分ほど時間をかければ終わるような仕事ということがわかり、彼もそれからは落ち着いて仕事をこなせるようになったわけです。

　しかしながら、現実的には本当に忙しくて時間が取れない場合もよくあります。そんなときは自分から作業リストに見込み時間と〆切を書き出したメモを提示して、仕事を頼んだ上司に見てもらいましょう。

　上司にしてみればいろいろあってできませんと言われても、調整できるのかできないのかがわからなければ判断のしようがありません。

リストを見ることで、上司が頼みたいことが本当に優先順位の高いことであれば、上司自身がそのリストを見ながら、何を後回しにするべきかを指示してくれるでしょうし、上司以外の人から頼まれた仕事の納期を遅らせてもらう調整も普通はしてくれるものです。

　大切なのは、仕事があるからといって、すぐに断るのではなく、常に優先順位で物事を見るということです。

　そして、その**優先順位は自分にとっての順位ではなく、自分の上司の順位でやるくらいの気持ちでいることが必要でしょう。**

　ただ、ひとつ注意してほしいことがあります。それは見込み時間の読みが甘くなっていないかということです。メール一通5分で打てるだろうと思っていたら30分かかってしまった。見積もり1つつくるのに30分を見越していたら2時間かかってしまったということはよくあります。

　特にはじめての仕事は想定の3倍はかかると思っておきましょう。よくわかっている仕事と初めての仕事にはかかる時間が違います。上司が「1時間でできるんじゃない」と言われたら、「慣れればそれくらいでできそうですが、初めての場合はもう少し時間がほしいと思うのですがどうですか」と聞いてみてください。

　上司は自分のスピード感覚で誰でもできるものだと思い込んでいる場合があります。

　そして、もしどうしても仕事を受けられないとしても、しかたがないですよねといった反応をするのではなく、申し訳ありませんという表情をして、相手の感情への配慮も忘れないことが大切です。

ポイント

断る前に持っている仕事のリストを相手に見せる。

8 質問は興味のしるし、疑問点がなくても質問しよう

　上司からの指示であれ、社内の説明会であれ、セミナーを受講したときであれ、一通り話を聞いた後に、「何か質問がありますか」と聞かれて何も思いつかないとやや気まずい雰囲気が流れるものです。

　社外向けの研修で講師をしているときに私が感じることなのですが、あまり元気のない会社ほど質問は出にくく、かといって完全に理解しているかというとそうでもないものです。

　質問しないのには、自分のわからないことは個人的なことなのでみんなの時間を奪うのが悪い、こんなこともわからないのかと思われるのが恥ずかしいなど、さまざまな理由があるでしょう。

　ところが、逆に誰かが質問してくれると、それをキッカケにして次々と質問が出ることもよくあります。

　そこでお勧めなのが**常に質問の「切り込み隊長」になるつもりでいる**ということです。

　質問をするコツは、話を聞き始めるときから質問を考えながら聞くことです。話し手が完全にわかりやすい話をするケースもそれほど多くはないでしょうから、準備していれば何かしら質問は思いつくものです。

　比較的、どのようなケースでも使える質問として「よくある具体例、最近あった事例を聞く」「うまくやるコツ、陥りやすいミスを聞く」「一番大切にしていること、重要だと思うことは何かを聞く」といった方法もあります。何も思いつかなければこのあたりから聞くのも手です。

　また、質問をする目的ですが、これは単に話のわからない部分を確認することがだけではありません。

　話がわかったとしても質問する意味はあるのです。

質問の目的は主に以下の3つです。

①わからないことを聞く

→これが普通の目的でしょう

②相手の話に興味があるというしるし

→聞き手は質問してくれるとうれしいものです

③自分が理解していることを伝える

→理解したことを要約して、それでいいですかと確認する

特に②が重要です。質問は興味の表れです。相手のことを知りたいと思う気持ちを伝えることで、相手との関係をよくすることができるはずです。

例えば、営業マンがお客さんの要望を一度聞いてから、次回の訪問のときに提案をするというケースがありますが、お客さんの説明が終わったあとには必ず質問をするべきです。

たとえ必要な話が全て聞けていたとしても「質問はありますか」と言われて、「大丈夫です」と答えてはいけません。それでは「私たちのことにあまり興味がないのかな」と思われます。

そこで「社長がこだわっていることはなんですか？」とか「社員が普段感じている不満などはありますか？」など、深掘りしてよく知りたい、あなたのことを理解しようと思っていますという姿勢を示していきましょう。

ポイント

話を聞きながら常に質問を考えておく。

9 相手の説明が長いときは、質問をはさんで自分のペースにする

　研修の受講者から「相手の説明がクドクド長いときはどうすればいいですか？」という質問を受けることがあります。「基本的には話し終わるまで聞いてください」と答えていますが、なかなか辛いものですね。

　説明が長いときに考えられる理由は、聞き手がまだ理解できていないと思っている場合と、サービス精神が旺盛で細かく説明しようとしている場合などがあるでしょう。

　話し手との人間関係を考えれば、話を聞いていたほうがいいのは山々ですが、時間がないときもありますので、そのようなときのテクニックを説明します。

　それは、「相づち」→「おうむ返し」→「質問」の順番で相手の話に自分の発言を挟みこんでいき、最終的には自分のペースに持っていくというやりかたです。

　一方的に話している相手にいきなり、質問を投げかけて中断させるのは難しいものです。なので、はじめは「なるほど」とか「へぇ〜すごいですね！」といった簡単な相づちを入れていきます。

　ポイントは相づちを打っているあいだは、少しでも相手に黙ってもらうことです。つまり**「相手が話して、自分も話す」という状態を作っていくわけです。**

　次に、少し長めのおうむ返しを入れてみます。「いや、大変だったんだよ」と言った後に、すかさず「いやぁ〜、それは、とても大変でしたねえ、そんなことがあったんですか」と少し長めに自分の発言を挟みます。

　そして、3つめの段階、質問です。相手が「〜なんだよ」とか「〜ということだったんだ」というようなキリのいい話が終わるタイミングで、

「なるほど、今までの話はとてもよくわかりました。最後に私たちも同じことをする場合、注意点だけお聞きしてもよろしいでしょうか？」と"最後の"質問を投げてみます。

普通であればこれで話が長くなったなと気づいてくれますが、それでもダメな場合は最後の手段として、残り時間を告げましょう。

「お話、大変参考になりますが、次のお客さんの予定があと10分後にございまして、大変もったいないのですが、この続きはまた後日お伺いさせていただきます」と配慮の姿勢を忘れず、伝えます。

注意してほしい点は、ウソでもいいので次の予定が重要そうだと思わせることです。「課のミーティングがありまして」というとそれくらいなら遅れてもいいのではと思われることがあるので注意しましょう。

> ポイント

相づち→おうむ返し→質問の順番で少しずつ相手の話に割り込んでいく。

10 クドクド説教されるときは、反省の表情が相手に見えるように

　話が長いと言っても説教を聞く場合はなかなか大変ですよね。「あいつ、もう1時間も説教されっぱなしだよ」というシーンを見ると、説教する側は同じ話をくり返し、説教をされる側は無表情にただ黙っているという構図になっており、詰問の攻撃が延々と続きます。

　クドクド説教をする人は2つの不満が渦巻いているはずです。
　1つは相手がまだ十分に「反省していない」んじゃないかと思うこと。もう1つは相手がまだ「原因を理解せずに同じ失敗を再発させる」んじゃないかと思うこと。この2つの不満を解消する必要があるわけです。
　まずは「反省」を示しましょう。**神妙な顔をしていても下を向いていてはその表情は伝わりません。**うつむきかげんでいる必要はありますが、申し訳ないことをしたという表情が相手から見える必要もあるわけです。
　真摯な態度で相手の話を"小さくうなずき"ながら聞いていると、少しずつ相手の怒りも収まってくるでしょう。
　謝るという行為は何度してもかまいません。一度頭を下げればもう謝りましたと思うかもしれませんが、相手にその気持ちが伝わらなければ意味がありません。くり返し謝ってでも相手が納得すれば、結果的にそのほうが早く解決するわけです。

　次に「原因と再発防止策」を伝えます。
　ところがこれは、怒りが収まらないうちは相手の質問にどのように答えても言い訳していると取られる恐れがあります。
　相手がある程度、冷静になるまでは、細かい申し開きは伝わらないと

思っておきましょう。

　そんなときにお勧めなのが、相手の言ったことに対して「なるほど、そうか！」と気づいた表情をすることです。**説教する側も自分の意図が伝わったと思えば、少し落ち着きます。**伝わっていないと思うから何度も同じ話をするわけです。小さな声で「そうか、そこが悪かったのか」とささやいてみてもいいでしょう。

　そして、ある程度自分の申し開きができる段階になってから、原因と再発防止策について説明します。できれば、気をつける点を1つだけ提示するのではなく、いくつか複数組み合わせて提示してみましょう。

　例えば「数量に間違いがないか、確認するために必ずデータを印刷してマーカーでチェックしていきます。それと、そもそも見積もりはチェックする時間も含めて提出する前日までに作っておくようにします」というように言ってみます。

　そのあと「何かほかに心がけることはないでしょうか」とお伺いを立ててみます。例えば「あとは、エクセルの演算を信用しないで、必ず電卓で合計値を計算してみるべきだろうな」といったアドバイスをもらえたら、そのアドバイスに対して「たしかにそうですね！　気づきませんでした！！」と相手の視点の高さをほめてみます。

　最後にくり返し、「ご迷惑をお掛けして申し訳ありませんでした。お時間と貴重なアドバイスをいただきありがとうございました」とお礼の言葉を述べてください。

ポイント

気持ちが治まらないうちは、申し開きは聞いてくれない。

Column

上司の「俺の時代はこうだった」をどう返す？

　すでに世代ごとの特徴は説明しましたので、発言のパターンはなんとなくわかると思いますが改めて整理してみましょう。

　バブル世代以前の人は、好調な日本の景気のよい話が中心です。「若い頃に大きな仕事をして、こんな苦労をしたんだ。その頃に比べれば今の仕事は、余裕だよ」というタイプでしょう。また当時は飛び込み営業や接待などで関係をつくるのが当たり前でした。「毎日お客さんの事務所に顔を出して自分のことを覚えてもらって仕事をとる、要は自分をいかに売り込むかだな」という話もよくあります。

　一方、バブル以降の先輩は、就職氷河期を生き延びた苦労話が中心です。「いろいろ面接を受けて大変だったけど、どんどん自分から積極的にＰＲをしたよ」とか、「自己実現」「オンリーワン」「自分らしい挑戦が大切だ」といった言葉が出てくるでしょう。

　これらの意見は一部、役に立つ部分もあります。"上司から見た"自分の足りない部分なんだなとわかります。

　たとえば、上司から見て左脳（論理）指向すぎると思われている部下には、人づきあいが大切だといった話をするでしょう。フォロワー指向ばかりが強いと思われている部下には、挑戦することが大切だという話をするでしょう。

　その場は素直に相づちを打って、自分に合うアドバイスと合わないアドバイスを見分けて取り入れてみるのでいいでしょう。

第3章

相手を動かすための「伝える力」を身につける

仕事では、話したいことをうまく伝えるよりも相手が
聞きたいことを話すことが大切です。
ここでは、「社内コミュニケーションの基本」と3つのシーン
「上司への報連相」「他部門との調整交渉」
「会議での発言」の対策を紹介します。

1 社内コミュニケーションの基本
（伝えるのが苦手と感じるのは…）

　ここからは「社内コミュニケーションの基本」とよくある３つのシーンに分けてそれぞれの対策を見ていきましょう。その３つとはこちらです。
　①上司への報告・連絡と相談
　②他部署への調整・交渉と説明
　③会議での発言と進行
　ではまず、「社内コミュニケーションの基本」から。
　友人と話すのは好きなんだけど、会社の人と話すのはどうも苦手だなという人は、結構いるのではないでしょうか。
　話すのが苦手だと思っている人の理由を聞いてみると、
　・うまく伝えなきゃと思ってしまう
　・内容がまとまらないうちに話してしまう
　・人前で失敗したくないという思いがどうしても出てしまう
　・話すこと自体が恐くて、できれば避けたい
　・何を話していいかわからなくなると途中で黙ってしまう
　・話していて何が正解かわからなくなる
　こんな話をよく聞きます。ところが実際には仕事で話す方法にはパターンがあり、そのパターンに沿って話せば、スッキリわかりやすい話し方がすぐにでもできるのです。
　友人との会話で気の利いたことを言う才能と、仕事で相手に伝わる話をする才能では、圧倒的に後者のほうが簡単です。
　なぜかというと、仕事に必要な話し方はシンプルで、「何を話すか」を言い、「自分の意見」を言い、「その理由」を言う。これだけです。つま

り「論点」→「結論」→「理由」の順番です。

報告でも、説明でも、会議の発言でも基本となるのはこの形。お気づきだと思いますが、これは左脳向きの論理思考です。

そして、このパターンで話ができるようになったら、次に意識してほしいのは、聞き手に対する感情（右脳）への配慮です。

つまり、**相手のことを考えて話す**ということです。

相手の心の中は完全にはわかりません。だからいくつか相手が思いそうなことを想像して、表情を見ながら1つひとつ確認するわけです。

相手のタイプによって納得するポイントも違ってきます。

「左脳リーダータイプ」には、チャレンジングで筋の通った話を、

「右脳リーダータイプ」には、熱い思いがこもった話を、

「左脳フォロワータイプ」には、結果や原因が明確な話を、

「右脳フォロワータイプ」には、誰かの役に立つんだという話を、

タイプを見ながら何が心に響くのか事前に思考を巡らしましょう。

話すのが苦手な人のなかには「私は伝えるのは苦手ですが、いつか相手が気づいてくれるはず。そのときを待てばいいんです」と考えている人もいます。

しかし、どれだけすばらしい考えを思いついても、どれだけすばらしい仕事をしたとしても、それをうまく相手に伝えられなければ、なかったも同然と考えるべきです。

相手が自分のわかりにくい話を推測して理解してくれることを期待してはいけません。「伝わらないのは伝え手の責任」、このスタンスで常に話しましょう。

ポイント

「論点」→「結論」→「理由」の順番で話す。

2 基本 自分が何を言いたいかではなく、相手の聞きたいことを言う

　人に自分の考えを伝えたいと思って、あれやこれやと説明しているのに相手が一向に理解してくれる気配がない。まだ説明が足りないのかな？　言い忘れていることがあるんじゃないかなと、どんどん細かい話になっていきます。「このパターン、どうやらドツボにはまっているな」と思いつつも、自分では、どうやって抜けだせばいいのかわかりません。

　話し手のほうは「言い忘れたことがないかな」と思うものですが、聞き手のほうは「大事なことだけ聞きたい」と思うものです。

　みなさんも、他人の話を聞くときはそう思いますよね。つまり、相手もこちらの話を細かいところまで聞きたいと思っていないわけです。

　話をうまく伝えられない人の持っている誤解の1つに、相手が理解できないのは詳細の説明が足りないからだと考えるパターンがあります。

　ところが、**話は細かくなるほど、"必ず"わからなくなる**ものです。

　つまり、持っているネタを全て話そうとしてはいけません。

　では、何を話すのかと言うと、「自分が話したいことを話すのではなくて、相手の聞きたいこと（だけ）を話す」ということが基本です。

　例えば、何かトラブルの報告を上司にするとして、聞き手は何を知りたいと思いますか？

　たぶん、トラブルの「状況」と、その「原因」と、可能な「解決策」は何かということではないでしょうか。

　例えば、工場の生産ラインを変更したいと現場の作業員に伝えるとして、聞き手は何を知りたいと思いますか？

　たぶん、「なぜ変更する」のか、「いつどう変更する」のか、変更後の「作業手順はどうなる」のかということではないでしょうか。

このように**話す前に、相手が聞きたいことは何かを想像して考える時間をとりましょう。**

　ただ注意して欲しいことがあります。よくやってしまうのは、相手が喜んでくれればOKが出ると思って、よいことばかり言ってしまうケースです。例えば何か会社でOA機器などを購入したいときに「性能がよいですよ」「デザインもよいですよ」「オプションも豊富ですよ」とよいことばかりを並べがちです。

　ところが、相手は判断するのに「信頼性はどうか」「価格はどうか」「納期はどうか」といったことが知りたいかもしれません。

　特に上司や先輩に話すときには話す内容が偏っていないかなと注意しましょう。立場が上の人は、自分より広い視点を持っています。よく「もっと俯瞰して物事を見なさい」と言われるのは、もっとほかに気にすることがあるでしょうと言っているわけです。

　常に相手が何を気にしているかを理解するクセをつけましょう。できれば、相手から指摘されたことをメモしておきましょう。例えば予算、スケジュール、顧客満足など「相手の気にすることリスト」を作っておきます。

　そうすれば、この人はいつもこのことを気にしているんだなと、事前に対策を練ってから話をすることができるでしょう。

　相手が物事を判断するためのチェックリストを1つひとつクリアしていく。そういうつもりで話はするものです。

ポイント

相手が物事を判断するチェックリストが何かを考えよう。

3 話がなかなかまとまらない〜必要なのは結論と理由

基本

　いろいろ伝えるべきことがあるのに、なかなか話がまとまらない。「言いたいことは、一体いくつあるんだ？」と聞かれたら「たぶん20個くらいはありそうです」と言いたくなります。例えば、上司に急に作業の進捗報告をするときも

　上司「今期の売上見込みはどうなんだ？」
　部下「えっと……、A社さんの受注内定がもう出るので、この仕事は結構大きな金額ですが、逆にほぼ決まりかけていたB社さんが、少し発注を遅らせたいという話もありまして、細かいところでは、C社は……」
　上司「いいから、結論だけ言ってくれ（怒）」

と途中で話を中断されてしまいます。
　聞き手の「どうなんだ？」という意味は「状況はどうだ？」ではなく「結論はどうだ？」ということです。
　ところが、何を結論にしていいかわからないケースでは状況をダラダラ話してしまいます。
　では結論とは一体何なのでしょうか？
　結論は「自分の最も言いたいこと」でもありますが、まず知っておいてほしいのは、**結論は「論点の答え」**です。
　前々項でも「論点」→「結論」→「理由」を言うと述べましたが、論点にある疑問にシンプルに答えればそれが結論になります。
　上記の例だと、論点は「自分の売上目標は達成できそうか？」でしょう。つまり結論は「達成できそうです」もしくは「達成は難しそうです」

になります。

　どちらか言いにくい場合は「達成できる確率は〇％程度だと考えています」と言ってもいいでしょう。

　続いて、その理由を説明します。ここで悩むのは、**状況にはよい面と悪い面の両方があり、どうまとめていいのかわからない**場合があります。

　そんなときはよい状況はよい状況だけでまとめて、悪い状況は悪い状況だけでまとめて、その両方を天秤にかけたらどちらが重そうかで説明してみましょう。

「結論としては、目標は達成できそうです。理由は、よい面としてはA社の受注内定と、C社の受注が決まっています。これだけで〇千万円の見込みになります。一方で悪い面として、B社とD社の発注が少し遅れそうです。来年になる可能性もあります。しかし、このマイナスは〇百万円程度です」。

　このように話せば聞き手もスッキリ理解ができるでしょう。

　結論を先に言うクセをつけるために、「結論から言うと」と言うようにしてみましょう。そうすれば、何か結論らしきものを言わなければいけなくなります。

　次に理由を言いますが、これも理由の数を先に言います。「理由ですが3つあります」と言ってみましょう。そうすれば相手の頭に3つの箱ができて順番に情報を流していけます。

ポイント

「結論から言うと」と言うと、相手は話が長くならないと思ってホッとする。

基本 4　話が相手とズレるなら、まず論点を整理する

　上司に報告をしていて、数分経ったところで「チョット待って、説明ストップ！　原因はわかっているから、解決策を聞きたいんだよ」と言われたり、他部署の人と営業戦略の話をしているときに「ちょっと待って、それは東京の話でしょ、全国でとらえるとどうなるの？」と言われたりして、仕事の話が相手とうまくかみあわないことがあります。
　なんだか話がズレてるなと感じたら、まずは相手と論点を合意してください。

　論点とは「背景・前提」の部分と「問題点・未決事項」の疑問点の部分で構成されます。
　「背景・前提」は、話のイントロ部分です。これは、相手の知っているところから話しはじめます。
　例えば「前回の報告でトラブルの原因は○○○にあるということを説明しましたが」とか「昨年の営業戦略は○○○という欠点があったのをご存知だと思いますが」といったかたちで、相手との共通の視点に立ちましょう。

　次に**「問題点・未決事項」**を説明します。
　例えば「トラブルを解決するための方法についてお話します」とか「首都圏と地方の営業戦略をそれぞれどうするかについてお話します」と**「なんのこと（テーマ）」の「どの疑問（未決事項）」について話すのかを明確にします。**
　これで相手がうなずけば、論点が合意できたことになりますし、話の

途中でズレや誤解も受けません。

　もしくは、その段階で「チョット待って、その話（論点）ではなくて、○○○について聞きたいんだよ」と言われるかもしれませんが、それなら話の誤解のキズも浅くてすむでしょう。

　話の切り出しでテーマだけを言う人がいますがそれでは不十分です。

　テーマとは、例えば「この前のトラブルの件ですが」といったように「問題点・未決事項」が曖昧です。

　しっかりとした論点にするには、「（トラブル＋原因は？）この前のトラブルの原因は何かですが」とか「（トラブル＋解決策は？）この前のトラブルの解決策をどうするかですが」といったテーマ＋問題点のセットで話すようにしてください。

　相手と会話していて、何かずれているなと思ったときには、「ちょっと話を戻してよいですか？　今、"来年の展示会（テーマ）"の"コンセプトを何にするか（未決事項）"について話したいと思っているのですが、よろしいでしょうか？」と一度論点まで戻るといいでしょう。

ポイント

常に何の話をしているのかを意識する。

基本 5 結論がどうしても出せないときは

　さて、論点・結論・理由の話をしてきましたが、どうしても結論が決めきれないケースももちろんあるでしょう。

　こちらを立てれば、あちらが立たず、あちらを立てれば、こちらが立たずと、ビジネスは常にトレードオフ（ひとつ得れば、ひとつ失う）のなかでの判断を求められるものです。

　上司に「自分なりの結論はないの？」と言われると、「それがないから相談しているんですけど」と言いたい気持ちをグッと抑えてしまいます。

　結論がないときにどうするべきかですが、それは選択肢を提示するということです。

　できれば、提示する案は3つくらいがいいでしょう。よくいう"松・竹・梅"案を持って行くということです。

　「すごく考えて思いついた選択肢は32個もあります！」と言っても、上司はその努力は認めてくれるかもしれませんが、もっと効率よくやってよと思うでしょう。

　そして、単に複数案を提示をするだけでは上司も判断できません。**それぞれの選択肢に対する評価を提示してみます。**

　評価のしかたは2種類あります。1つはそれぞれの案のメリットとデメリットを述べる方法で、もう1つは同じ評価軸で全部の選択肢を比較していくという方法です。

　評価軸とは、たとえば「価格」とか「性能」とか「信頼性」といったものです。同じ評価視点で比べやすいものは、そのような説明がいいですし、それぞれ評価の視点が違うなと思うときは、メリット・デメリットを並べるほうがいいでしょう。

具体的な伝え方を考えてみましょう。例えば、顧客のクレームで「商品にキズがあり、交換してくれ」と言っているが、自分としては「納品したときには特にキズなどなかった気がする」としましょう。

　交換するとかなりのコストがかかります。ところがそうしないと顧客の信頼は失われ下手すると悪い評判も立つかもしれません。

　そんなときは「クレーム対応を具体的にどうするかですが」と論点をおいて、「結論は出せていないのですが、考えうる対応策は３つだと考えています。１つめは交換する。この場合のメリットは○○で、デメリットは○○です。２つめは先方先で修理する。この場合のメリットは○○で、デメリットは○○です。３つめは対応を断るです。この場合のメリットは○○で、デメリットは○○です」と言ってみます。

　できれば自分のお勧めを加えてみてください。「私なら２つめの先方先で修理するのがいいのではと思っていますがいかがでしょうか」。これなら上司も結論が決まっていなくても判断してくれるでしょう。

ポイント

結論がなければ、せめて「松・竹・梅」案を持っていく。

6 基本 すぐテンパる人は、考えを書き出すだけで落ち着く

　話す内容を考えているときに、考えがなかなかまとまらなくて、ああでもないこうでもないと、煮詰まってしまうことはないでしょうか。

　いろんな要素が頭のなかでグルグル回ってオーバーフロー気味。よく言う"テンパってしまう"状態です。

　若手で、すぐテンパってしまう人を見ていると、「完全主義」「失敗が怖い」「マジメで几帳面」「答えは１つと思っている」といった特徴があります。そして、そういった人の多くは、話す内容を頭のなかだけで考えています。

　マジックナンバー７±２という言葉を知っているでしょうか？

　人間は７つ程度（５〜９）の要素しか記憶できないそうなのです。それだけメモリーが少ない脳みそで複雑に絡み合う課題を整理して、どのように説明するかを考えていては、すぐにメモリーオーバーになるのは目に見えているでしょう。

　では実際にみなさんがどのように話すか悩んでいるときに、それに関わる課題や伝える可能性のある内容、要素はいくつあるでしょうか？

　そんなこといっても沢山ありすぎて、わからないよと思われるかもしれませんが、書き出してみると、大抵15〜30個程度で出てこなくなります（これは、私がコミュニケーション研修で受講者に言いたいことをまず全部付箋に書き出してくださいという演習をするときの平均的な数です）。

　つまり、頭で考えると７個を超えたら、もういくつでも"たくさん！"となってしまいますが、**実は書き出すと十分Ａ４の紙に書き出せる量**だというわけです。

次に、書き出したもののなかで、絶対言わなければいけないものと、時間があれば言いたいものに分けてみましょう。絶対言わなければいけないものは12個以内にしてください。

　なぜ12個かというと仮に1つの要素を5秒で言ったとして、12個あれば1分で話せるからです。1分で理解できない話は、10分かけても結局わからない話です。

　そして残った要素をどの順番で言えばいいかを考えます。12個程度であれば書いた文字を見ながら番号をふっていけばできるでしょう。

　途中で、新しく言わなければいけないことを思いついたら書き加えてもらっても結構です。

　そして、言うことができたら相手の視点で見てみます。何かつっこまれることはないかな、相手が気にする部分は漏れていないかなと。

　そして、しばらく書いたものを置いておき、別の仕事をしてみます。できれば一晩おくといいでしょう。すっきりしたところでその紙をもう一度見ます。

　それでも言うべきことが変わらなければたぶん大丈夫でしょう。

　くり返しになりますが、すぐテンパる人の特徴は完全主義で、答えは1つしかないと思っている傾向にあります。

　ところがビジネスにおける答えは1つではありません。いくつものうまくいく答えがありえます。Aと言ってもOKだし、Bと言ってもOKということもよくあるのに、どちらが正解だろうと悩んでいる人をよく見ます。

　どちらで話してもうまくいくはず、そう信じて説明してみましょう。

ポイント

書き出すことは頭を整理すること。

7 上司とのコミュニケーション（報告・連絡と相談のテクニック）

基本 **報連相** 調整・交渉 会議

　ここからは「①上司への報告・連絡と相談」についてみていきます。
　一見簡単なように見えますが、社内のコミュニケーションのなかで、ある意味、一番やっかいなのが上司への報告・連絡と相談です。
　報連相（ホウレンソウ）と一言で言いますが、報告、連絡、相談の3つはそれぞれ目的が違います。
　報告とは、指示を受けた仕事の途中経過（進捗）や最終結果を伝えることで、報告することは仕事を頼まれた人の責任です。
　連絡とは、自分が持っている情報をまわりの人に伝えることで、上司だけでなく同僚や他部署に対しても行う、言ってみれば情報共有です。
　相談とは、自分のなかで答えが出ていないことを、相手から助言（アドバイス）、場合によっては指示をもらうことが目的になります。
　報告と連絡はどのように情報を相手に伝えるかが課題ですが、相談は相手からいかに助言や指示を得るかが課題です。
　ということで、ここでは「報告（もしくは連絡）」と「相談」の2つに分けてみていきます。
　さて、会社を辞める理由の1つに「上司との人間関係」というのをよく耳にします。会社を辞めようかと悩むことにつながるほど大きな問題である上司とのコミュニケーションですが、"報連相"と言ってしまうと、なんだか社会人の初歩の初歩とても軽い言葉にもかかわらず、そのノウハウを理解していない人も多くいるのではないでしょうか？
　報告する側の気持ちに立つと「そんなに頻繁に報告する必要があるのだろうか」「どこまで報告していいかわからない」「報告するたびに怒られるので、報告するのが嫌になる」「メールでするべきか口頭で伝えるべ

きか悩む」などの声が聞かれます。

　実際に私も昔は同じように思っていましたし、管理職になった今でも報告は面倒なものです。

　報告するのは若いうちだけと思うかもしれませんが、報告という行為は社長以外は、みんな必要なことなのです。

　つまり、報告は他人と仕事をするうえで絶対しなければいけないことで、仕事のついでにすることではありません。「うまくやっているんだから別にいいじゃない」というものではないんです。時間的にはついでの時間にするかもしれませんが、行為としてはついでの仕事ではなく必須の責任があると思っておきましょう。

　そして、その報告がうまいかどうかが、みなさんの評価や出世、面白い仕事につけるかに大きな影響を与えます。

　上司ももちろん人ですし、神様のような人格者ばかりではありません。うまくコミュニケーションしてくれる人が結果的にいい仕事をしているように感じますし、能力が高いように見えてしまうのです。

　せっかく仕事ができるのに、報告が下手で評価されていない人がみなさんのまわりにはいないでしょうか。その理由をその人の上司のせいと思うのか、その人の伝え方が悪いせいと思うのかは判断が難しいところですが、損をしないように考えていきたいものです。

ポイント

報告は仕事を任された人の責任。

報連相

8 報告がないより、多すぎるくらいでいい

　上司から「あの件、進んでいるのか？　報告がないよ」って言われることはないでしょうか。報告が仕事上の責任だとわかっていても、そこまで頻繁にしなくても……終わったら結果を伝えるのにと思いますよね。

　上司は特に若手に何度も報告を求めますが、「それって過剰な要求ではないの」と思う気持ちもわかります。

　では報告という行為を、上司の立場に立って考えてみましょう。

　えっ、難しいですか？　この本で覚えてほしい重要なテーマでもある"相手の気持ちになってみる"練習です。

　上司にとって報告とは？「絶対、報告好きなんだよ」「極度に心配性なんじゃない」「報告させることで自己満足しているんじゃないか」と思いませんでしたか？

　実は、上司も部下をせっつくのは嫌ですし、報告を聞くこと自体、非常に面倒だなと感じているものです。

　では、なぜ上司は頻繁に報告を求めるのでしょうか。単に報告責任を果たすためであれば、終わったあとに結果報告をすればいいはずです。

　実は、上司としてしなければいけないことが4つあります。

　1つめは、頼んだ仕事が「期日」までに「品質」よく終わりそうかを確認することです。品質は状況を聞かなければ判断できません。

　2つめは、「トラブル」を未然に防ぐことです。たくさん仕事を頼んでいれば、失敗を起こしそうなところを予測する必要があるです。

　3つめは、次の仕事を誰に割り振るかを決めることです。新しい仕事

は常に入ってきます。それを誰に頼むのかは今やっている仕事でどれほど忙しく、いつ終わるのかを知る必要があるわけです。

4つめは、自分の上司に報告する情報をチームのメンバーから集めることです。だいたいわかっていそうなことでも上司の上司から質問されたときに答えられないと、しっかり管理しているのか、状況を理解しているのかとなるわけです。また、その質問がいつ聞かれるかは事前に知ることはできません。つまり、聞かれそうなことは前もって部下から情報を収集しておいて、彼の上司に伝えるより多めのことを知っていなければいけないわけです。

報告の頻度や方法は上司によってずいぶんと違います。

細かく説明することを求める上司もいれば、問題があるときだけ言ってくれればいいよというスタンスの人もやっぱりいます。このあたりは考え方・価値観の違いなので部署が変わって、今の上司が前の上司に比べて細かく報告を求めるタイプだったとしても、あくまでも上司のやり方にあわせてください。

なぜなら上司が部下のやり方にあわせると、10人がそれぞれバラバラの報告手法になってしまい、総合的な判断ができなくなるからです。

できれば上司にどのような報告のしかたを望んでいるか、一度聞いてみるといいでしょう。

ポイント

上司は報告を受けることで、次の仕事の割り振りまでも考えている。

9 報告相手が忙しそう〜一言だけ決めて、前に立って待つ

報連相

　仕事に問題が発生し、上司に報告をして指示を仰ぎたいと思ったときにかぎり、上司は忙しくなんだか怒っているようにも見えるものです。
　そんな時でも遠慮はマイナス、仕事が溜まって集中しているだけで、あなたにイライラしているわけではありません。
　ただし、そんなときこそうまく話しかけたいものです。
　そんなときの会話を見てみましょう。

NG部下「ちょっと、よろしいでしょうか？　報告したいことが、いくつかありまして」
上司「いくつあるんだ？」
NG部下「ええっと、5〜6個くらいです」
上司「……（アゴで話せと指示をだす）」
NG部下「ではまず、はじめに来週のイベントのことですが……」

　数分経過。緊張しながらシドロモドロに話しはじめて取りとめもなく話す。上司の顔を見ると、明らかにイライラ。

NG部下「〜ということです。1つめは以上です」
上司「そんなペースであと4〜5個、話を聞かなきゃいけないかい？」

　なんて報告って嫌な作業だろうと思ってしまいます。
　ではどうすればこのような状況を避けられるかというと、上司の前に立つ前に、最低限の言うことを決めましょう。

言ってほしいことは、"ほしい時間"と"論点"です。

OK部下「お忙しい中恐縮ですが、(ほしい時間) 1分、報告時間いただけませんか？ (論点) 来週のイベントのスケジュール変更の確認の件です」

ほしい時間は、**単なる報告でOKだけほしいときは1分**、選択肢があり**相手が考えて選んでもらうときは3分**くらいで言ってみましょう。
そのくらいなら、比較的その場で時間がもらえます。

また、**論点を言うことで、話を聞きたいと思わせます**。人は中途半端な状態が嫌いで、すぐ済むならその場で処理したいと思います。クイズ番組で答えの前にCMになると、じれったくなるのと同じです。

ただ、「1分時間をいただけますか」言ったなら、どんなに長くても3分以内に報告のやりとりを終えましょう。そうしないと信用を失います。

5分以上の長めの報告であれば、最後にもう一言、「今報告するか、後にするか」を聞きましょう。

「(ほしい時間) すみません、15分くらい報告の時間がほしいのですが、(論点) 来年の事業計画の資料確認の件です。(今か後か) 今かもしくは、のちほどどこかでお時間いただけませんか、できれば、明日中には確認いただきたいのですが」このように聞いてみます。

そうすれば大抵、「30分後で」と時間の指定をしてくれます。

ポイント

「ほしい時間」と「論点」をまず言う。

10 推測で話すと「事実だけを言え」、事実だけを言うと「自分の考えを言え」と言われる

報連相

　実際の状況をあまり把握できていないなかで報告するときは、どうしても言い方が曖昧になってしまいます。

　例えば「製品の組み立てですが、ちょっと遅れそうで、現場を見にきたお客から大丈夫かと言われたようです。現場は、なんとかするよと言っているようなので、大丈夫だとは思われますが、やや不安です」と言ったとすると、上司に「それじゃあよくわからんな、事実だけを言ってくれ！」と注意されてしまいます。

　「いや、見てないので完璧な事実は私もわからないです」と言いたいところですが、このような場合はどうすればいいのでしょうか。

　発言には、2種類あり、それは「事実」と「推測（意見）」です。

　実際の状況を見ていなかったり、思わしくない状況の原因を説明する場合には、明確な事実は言いにくいので、曖昧な説明になりがちです。

　曖昧な表現とは、「〜ようです」「〜らしいです」「〜と思われます」と語尾が曖昧なケースと、「ちょっと遅れそう」「かなりヒドイ状況」「そこそこ悪くない」と頻度や精度が曖昧なケースがあるでしょう。

　つまり、この2つを言い換える意識が必要です。

　語尾の曖昧さは、言い切ります。「〜でした」「〜がおこりました」「〜が原因です」としっかり断定するのが基本です。

　ところが断定が難しいケースもあり、その場合は「誰の」考え（発言）なのかを明確にしましょう。「〜ようです」→「加藤さんが〜と言っています」、「〜らしいです」→「職長は〜と発言しています」、「〜と思われます」→「私は、〜と思います」という形。

　最後の1つはあくまで推測になりますが、「事実だけを言え」という上

司の言いたいことは、「**事実と推測を分けて言え**」ということです。

　次に頻度や精度の曖昧さですが、数値化、具体化していきましょう。「ちょっと遅れそう」→「少なくとも２日は遅れそう」、「かなりヒドイ状況」→「ＡとＢがうまく組み立てられない状況」、「そこそこ、悪くない」→「全体の９割は問題ない」と言い換えます。

　正確な数値や完全な状況がわからなくても、「約、およそ」とか「少なくとも」とつけて言うようにしましょう。

　ところが、ここで新たな課題が待っています。

　事実を伝えて指示を仰ごうとすると、「キミの意見はないのか」と言われます。

　「〜以上が現場の状況です。どうしましょうか？」と言いますと「どうしましょうってキミの考えを聞かせてよ」と言われます。

　だって、「事実だけを言え」というから、そこは言わないようにしたんですけどと思ってはいけません。

　「問題や原因」がわかれば「解決策」が知りたくなります。事実だけを語ってほしいのはあくまでも問題を明確にするためのです。ここまでは過去のできごとなので、推測は極力排除したいわけです。

　ところが、この「問題・原因」を理解できれば、次は「解決策」を考える、つまり視点は未来に移ります。

　未来には事実はありませんから、自分としての意見を言っていいわけです。事実を確認する過去の部分と、対応策を考える未来の部分を分けてしっかりとうまく報告しましょう。

ポイント

過去のことは「事実」を、未来のことは「意見」を。

11 報連相

どこからどこまで説明すればいい かわからないときは

　報告する上で何が難しいかを若手社員に聞いていると、上司に細かく報告をしようとすると「大枠から話してくれ」と言われ、短く説明しようとしたら、「全体像が見えないのでわからないな」と言われますとの意見がありました。

　細かく説明するのがいいのか、ポイントだけ説明するのがいいのか、一体どちらなんでしょうということです。

　結論を言うと、報告は可能な限り短いほうがいいです。しかも全容がわかるように。

　それが難しいわけですが、どうすればいいかというと、話をグルーピングして（グループに分けて）おく意識を持ちましょう。

　話が理解しにくいのは、話が長いか短いかではないんです。話が構造化されていないからです。

　構造化というと難しく感じるかもしれませんが、**要は大分類・中分類・小分類と分けておく**ということです。

　話をするときに、どうしても前から順番に話してしまいがちですが、それだと全容がつかめるのが話を全部聞いた後ということになります。

　大事なポイントだけ大分類として、ダイジェストでまず聞いておいて、興味がありそうな部分は中分類、小分類と補足的に後から話します。

　こうすることで、はじめの数分で全容がわかり、その全容を理解しながら詳細を聞くことができます。聞き手の興味のありそうな部分は細かく説明して、飛ばしてよさそうな部分は省略することもできます。

　しかし、そうするためには、細かいそれぞれの要素がどのグループに属した話なのかを話す前に自分のなかで整理しておかないといけません。

その準備をしないと、上司に負荷をかけてしまいます。

　上司は話を聞きながら「これはどの部分の話だっけ、現場の状況かな。えっと次のこの話は、前日の工場の出荷状況の話に飛んだな……」となんとか話を整理しようとします。それでも上司の頭も限られたキャパシティ（容量）しかありませんから、どんどん話が進むにつれて整理が追いつかなくなるわけです。

　話の整理の方法は下図のようにツリー上にしていきます。そして時間がないときは中分類まで、時間があるときは小分類まで話すようにしてみましょう。

大分類をまず話す。
残り時間でどこまで話すか調整する。

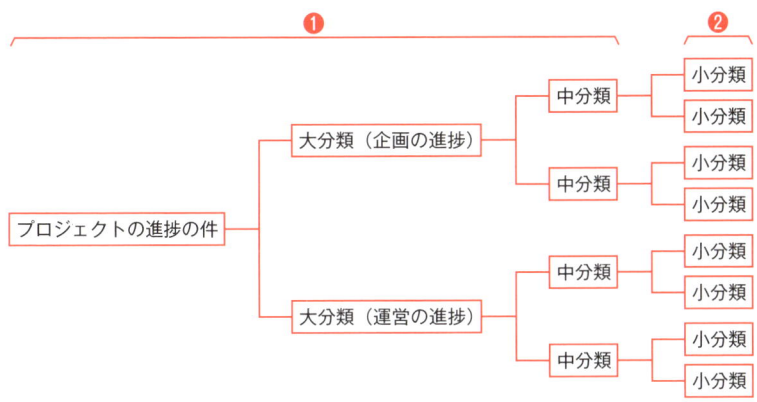

❶　　　　　　　　　　　　　　　　　　　　❷

プロジェクトの進捗の件
├─ 大分類（企画の進捗）
│   ├─ 中分類
│   │   ├─ 小分類
│   │   └─ 小分類
│   └─ 中分類
│   ├─ 小分類
│   └─ 小分類
└─ 大分類（運営の進捗）
    ├─ 中分類
    │   ├─ 小分類
    │   └─ 小分類
    └─ 中分類
        ├─ 小分類
        └─ 小分類

※時間がなければ概要❶のみ❷は時間によってどこまで話すか決める

ポイント

報告内容を大分類・中分類・小分類に分けておく。

12 話が長くならないために、メモをつくっておく

報連相

　報告をするときに何も持たずに来る人がいますが、必ず報告のレジュメ（要約メモ）をつくりましょう。Ａ４一枚で十分です。

　それを渡して、報告事項の数と説明時間を簡単に伝えます。ちょっと面倒だなと思うかもしれませんが、この効果は絶大です。

　なぜかと言うと、

- 上司に報告事項を理解してもらいやすくなる
- 言った言わないの誤解が減る
- 指示を受ければ、そのままそこにメモできる
- 言うことを事前に書き出すことで頭の整理ができる
- 時間が取れなくても、紙を渡せば概要を伝えられる
- 上司に「できるな！」と思わせられる

　今から話そうと思ったことを箇条書きにするだけです。それほど難しく考える必要はありません。

　用紙をつくる時間は10分で十分です。メモをつくるのに1時間もかかるようでは、そもそも報告する内容がまとまっていないということです。同じモノを自分用と上司用に印刷して渡して、説明を始めます。

　文字はギチギチに書かずにメモが取れるくらいのゆとりがあるほうがいいでしょう。

　そして、報告をしながら、途中で言われたことを紙に書き込んでいきます。

　そして、報告が終わった後に、そこで言われたことも含めて、上司に

メールしておけば完璧です。

次の報告の機会まで、その紙は取っておきましょう。その紙を横におけば、前回の指示が明確です。特に上司から言われた発言の手書きメモを見るとそのときの記憶がよみがえります。

仮に上司が前回と違う指示を出したとするとメモを見せながら「課長〜、前回はこう言ってましたよ〜」と柔らかく指摘することもできます。

ちょっとした習慣づけで、上司から「できるな！」と思わせるメモを使った報告、ぜひ実践してみてください。

ポイント

メモを見せたら、報告事項の数と説明時間をまず伝える。

13 メールと口頭の使い分け

報連相

　管理職の人に若手のコミュニケーション上の問題としてどんなことがありますかと聞くと、「なんでもメールで済ましてしまって、メールとフェイス to フェイスの使い分けができない」と言う声をよく聞きます。

　部下のほうからこの問題をみると「となりに座っているのにそんなことメールで報告するな」と言われたかと思うと、「そんなことはイチイチ言わなくてもメールで送っておいてくれよ」と言われることもあり「そんなことってどんなこと？」と思う面もあるでしょう。

　基本的には、口頭で伝えることは「重要なこと」、メールで伝えることは「簡単なこと」。言われればそうだなと思いますが、もうすこし細かく見てみましょう。

●口頭で伝えること（重要なこと）
　・相手にとって大変なお願い（明日までに資料をつくってください）
　・問題点やトラブルの報告（お客さんへの納期が間に合わない）
　・難しい判断がいること（競合が値段を下げてきた。うちも下げるか）

●メールで伝えること（簡単なこと）
　・相手にとって負担の少ないお願い（資料の誤字を直してください）
　・順調なことの報告（心配していた納期は間に合いそうです）
　・簡単な判断ですむこと（会議の出欠を連絡ください）

　つまり、「伝えるのが嫌だな。メールで済ませたいな」ということこそが口頭で伝えることと考えておけばいいでしょう。コミュニケーションは伝達者が情報を発信して、受信者が情報を受信して、受信者が内容を

理解したことを伝達者側が確認して終わりです。メールでは最後の内容の理解をしたかどうかが確認できません。

では、「開封確認付きメール」をすればいいじゃないかと思うかもしれませんが、それはメールを開いた確認であって、理解したかどうかの確認ではありません。また「開封確認付きメール」を頻繁に使いすぎると相手に失礼な印象を与えることもありますので気をつけましょう。あの人は私のことを信用していないのかと思われかねません。

つまり、確認ができなくてもそれほど困らないことはメールでよいが、確認が必要なことは基本的には口頭で伝えたほうがいいわけです。

毎日大量にメールは来ます。上司もメールは斜め読みします。大切なことを見落とすことも十分考えられます。

口頭で話すと記録が残らないのでメールで送るんですという人もいるかもしれませんが、それは口頭で報告してから後ほど内容にヌケモレがないようにメールすればいいわけです。

手間を惜しむより、相手との関係が悪くなるほうが、よっぽど自分にとってもマイナスでしょう。

うまく仕事を進める人はメールと口頭をうまく併用しています。

基本的なルールとしては「相手が怒る、困ること」は口頭・電話で伝えて、のちほどメールで細かく確認する。「相手にとって理解が難しい複雑な内容」はメールを事前に送って、口頭・電話でフォローする。

つまり、感情的な反応が先にくることは口頭で、論理的な反応が先にくることメールでジャブを打ち、後からその反対の方法で内容をしっかり理解してもらうということになります。

ポイント

相手にとって嫌なことこそ口頭で伝える。

14 「やること」が決まったとしても「誰がやる」と「いつまでにやる」は曖昧になりがち

基本　報連相　調整・交渉　会議

　上司と話していて「説明はわかったけど、俺はどうすればいいの？」と言われることがないでしょうか？

　例えば「工場と納期について交渉するべきだと思っています」とか「社長に事前に知らせておいたほうがいいと思います」など自分なりの結論を言って、理由をそのあと説明し、上司もそれに対して合意してくれたとしましょう。

　ところが話はこれで終わりません。合意が取れたやるべきことを、誰がやるかということです。

　「誰が工場と交渉するのか」「誰が社長に事前に知らせるのか」この部分がまだ曖昧です。

　日本語は主語がなくても説明ができますので、結論に対する合意が取れたとしてもそれは、「やること自体」の合意です。

　報告者側としては、難易度の高いことは上司が、簡単なことは部下がやるはず。上司からその分担を聞きたいと思うかもしれませんが、これも自分なりの意見があってしかるべきでしょう。

　「工場との交渉を私のほうで進めますので、社長への報告をお願いできますか」このように言えば問題はクリアできるでしょう。

　できるだけ、前向きに自分でやると言ったほうが、上司からも頼もしく思えていいのですが、自信のないときはその部分だけ相談してもいいでしょう。例えば「工場との交渉ですが私のほうでしようと思っているのですが、前回もなかなか相手が話を聞いてくれませんでした。今は緊急の対応が必要なこともあり、課長から言っていただいたほうが、相手も動いてくれる可能性は高いとは思いますが、いかがでしょうか？」と

「A案：私がやる→失敗の可能性もある」or「B案：上司がやる→成功の可能性が高い」と選択肢を提示してみましょう。

やる気はあるけど、現実的には難しい。このような説明が必要です。

もう1つ曖昧になりがちなことは時間軸です。

例えば「今回のイベントに向けた準備作業は6つです。①イベントの企画、②出演者の選定と依頼、③会場の選定と手配、④飲食の手配、⑤参加者への告知、⑥当日のプログラムの印刷。以上の作業を進めています」と内容の報告ができたとしましょう。

ところが上司は「イベントまであと3週間しかないけど、それで本当に間に合うの」と時間軸が大丈夫か不安になります。

作業というのは同時並行でできるものと、1つが終わらないと次が始まらないものがあります。

つまり、時間を意識した報告をすると「イベント企画の素案を2日でつくり、次の日には出演者の選定をしてしまいます。来週のはじめに企画の詳細と出演者を確定したいと思います。プログラム印刷は3日でできますのでそのあとで大丈夫です。会場選定はすぐに始めて、参加者への告知と飲食の準備は来週はじめに開始します。それで全て間に合うと思いますが、何か気になるところはございますか？」と言ってみます。

やることが明確なのと、〆切に間に合うかは別の問題です。

時間の意識を持って仕事を進めているなと思わせると相手も信頼して仕事を任せてくれるでしょう。

ポイント

自分でやることと上司に頼むことを明確に。

15 うまくいっていることと、うまくいっていないことの報告のしかた

報連相

　報告するときのポイントはうまくいっていることと、うまくいっていないことで少し違います。

　うまくいっていることについて説明するときは「新規顧客の訪問件数は今月は〇件です」「開発の進捗ですが、A工程は〇〇〇という状況、B工程は〇〇という状況まで終わりました」とストレスもなく説明できますが、それだけでいいのでしょうか。

　上司は、順調なのはわかるが、それで目的は達成できるのかな、目標に届くのかなと思います。

　「新規顧客の訪問件数は今月は〇件です。目標の進捗率は80%で、この指標に関してはあと1ヶ月ありますので最終的に105%くらいまでいくと思います」「開発の進捗ですが、A工程は〇〇〇という状況、B工程は〇〇という状況まで終わました。残りのC工程は比較的簡単な作業が中心なので、納期どおりに作業は終了できる見込みです」このように最終的にどのようになるかを述べてみましょう。

　つまり、**うまくいっていることは、「現在の状況」を述べたあとに、「未来の予測」**を言いましょう。

　うまくいっていない場合は「新規顧客の訪問件数が〇件しかありません」「開発の進捗ですが、A工程は〇〇〇と順調ですが、B工程は〇〇〇となり遅れが出ています」と状況を伝えます。

　上司は、その次に原因を知りたいはずです。

　「訪問件数が伸びないのは、既存顧客の見積もり対応などの時間がうまく効率化できないからです」「B工程が遅れる原因は外部に発注している部品の精度が悪く再度作り直しを指示しているからです」と原因を説

明することになります。

そして、最後に知りたいことが原因の解決策です。

「見積もりの対応は、来週から派遣社員の人が来てくれることになりますので、それでほぼ問題は解消されると思います」「精度が悪い原因はすでに特定できていまして、私が事前に検品に行きます。B工程の遅れは、最後のC工程を増員して対応して納期に間に合わせる予定です」

これで、不安は解消できます。

つまり、**うまくいっていないことは、「現在の状況」を述べた後に、「過去の原因」に戻り、「未来の解決策」へと進めるように話します。**

そして、うまくいっていることとうまくいっていないことは、必ずうまくいっていないことから報告しましょう。

悪いニュースはどうしても後回しにしたくなると思いますが、上司はそういったことから聞きたいはずです。なぜなら状況によっては自分が動いて対策を練らなければいけません。

また、問題がある部分から報告する人のほうが信用されます。何ごとも隠さず報告してくれるとなれば信頼関係も高まってきます。

そして、報告の最後が、うまくいっている話で終われるので報告全体の印象もよくなります。ピークエンドの法則と言って、物事の印象は一番強いピークの部分と、一番最後の部分で決まってくるわけです。**一番最後に嫌な話を聞くと、報告全体が嫌なイメージで終わってしまいます。**

ポイント

悪い報告は先にする。

16 問題のある報告を言うのは勇気がいりますが

報連相

　ああ、また言えなかったどうしよう……。自分が原因で発生した問題やトラブルの報告をするのは辛いものです。
　よし報告しよう。上司は怒るだろうな。なんだかおなかが痛くなってきた。それでも勇気を振り絞って話しかけます。
「か、課長、すみません報告があるのですが、今いいですか？」
「あっゴメン、今からすぐ出なければいけないんだけど後でもいいかな」
「わ、わかりました」
　しかし、本当は上司の立場からするとそのことが一刻も早く聞きたいわけです。報告をするときに、相手の都合を聞くことは大切ですが、トラブルやクレームなどの問題の報告は一刻を争う場合があります。
　相手がどれだけ忙しそうに見えても、必ず情報を伝えるように心がけましょう。
　上司は怒るかもしれません。それでも、先延ばしにして状況が自然に好転することはほとんどありません。
　状況が悪化して大きな火を噴く前に知らせることです。自分の口からトラブルを伝える場合と、他人の口から上司の耳に入るのでは、どちらがいいかと考えましょう。
　伝えるときのはじめの一言は、「トラブルの報告があるのですが」とか「問題が発生しまして」といった言い方がいいでしょう。それだとどれだけ忙しくても、まずは話を聞こうと思います。
　状況を説明し、まずはお詫び、そして原因、解決策があれば伝えます。ただし、解決策はまったく思いつかないかもしれません。
　そうであれば「どう対応したらいいのか考えてみたのですが、まった

くどうしていいか思いつかないのですが」と伝えましょう。

怒られたとしても、**嘘のない素直な報告は上司からの信頼につながります。**

常に火を噴く前に伝える。小さい火種を放っておかない、仕事に失敗はつきものです。ミスがあれば、すぐに報告して信頼を勝ち得るようにしてください。

そして、トラブルの報告時は、常に原因は自分にあると考えて報告しましょう。例えばアシスタントに見積もりを入力してもらって、そこでの数字の打ち間違えがトラブルの原因だとします。

そのようなときに「アシスタントに入力を頼んだら彼女が打ち間違えてしまったんですよ」と責任は他人にあるかのような報告のしかたはマイナスです。

もちろんアシスタントのミスだとしても、見積もりを出す前に自分がチェックしなければいけなかったと言えるでしょう。

そして、他人がミスしたことを自分の責任だと考える人こそ、仕事に対して責任感を持っている人でしょう。

「確認を怠り申し訳ありません」と原因を自責で考えているということが伝われば必ず評価は上がります。

ポイント

トラブルを素直に報告すれば信頼につながる。

17 いつも怒られると感じたら、「怒られメモ」をつくって共通点を探す

報連相

「キミ、また数字が間違っているぞ」、「それだと、お客さんがまた怒るだろう」。報告するたびに上司に怒られる。毎度毎度よく怒るものだと思います。しかしながら、毎回毎回怒られるのであれば、その原因は同じパターンになっているかもしれません。つまり上司の地雷を踏んでいるわけです。

実際に管理職の人たちから話を聞くと、同じ部下のミスのパターンは、似たようなタイプが多いということです。

つまり、怒られパターンを把握すれば、怒られる確率はグッと減ってくるはずです。

実際のやり方としては、怒られた後に何を怒られたのかメモしてみましょう。怒られた直後は、そのことについて、すぐ対応しなければいけないと思いますが、少し落ち着いた時点で、上司は何を怒っていたのかなと振り返ってみます。できればまずは上司が言ったセリフをそのままメモしてみるといいでしょう。

しばらくして「**怒られメモ**」を読み返してみると似たような表現が並んでいることに気がつくでしょう。なるほど「根拠があまい」とまた言われている。「客のことを本気で考えていない」と毎回言われている。

メモを続けていると、かなりの確率で同じ理由で怒られていることがわかります。

よく怒ることは、上司がそのことを大切だと思っているからです。そして、あなたがそのことを意識できていないわけです。

私のまわりを見ていると、よくある怒られパターン（地雷）は以下のようなものです。

- 相手（お客さんなど）のことを考えていない
- 報告に結論がない
- 理由、根拠が薄い
- 目的意識がない
- 拾い出しが甘い、ヌケモレがある
- 優先順位が間違っている
- 〆切やスケジュール感覚がない
- 予算、お金に対する見方があまい
- 作業量をあまく見ている
- 役割分担が不明確

　考え方・価値観は人それぞれ違います。チームで仕事をするときには、上司に合わせなければ仕事はうまくいきません。
　つまり上司が気にする「**大切なことリスト**」をつくればいいのです。
　左脳指向の人は「論理的でない」と指摘しますし、右脳指向の人は「気持ちが入っていない」と指摘する傾向にあるでしょう。
　リーダー指向の人は「新しい挑戦がない（できることしかやっていない）」と指摘しますし、フォロワー指向の人は「結果が出ると思えない、何に貢献するのか不明確」と指摘するでしょう。
　自分の怒られパターンを知ったうえで報告の準備をすればずいぶんと怒鳴られる回数は減るはずです。

ポイント

上司の地雷を察知しよう。

18 「相談していいですか？」と言ってから相談する

報連相

　相談は報告と違い、自分のなかで答え（結論）が出ていないことを上司から助言や指示をもらうことです。つまり、難しい問題である場合がよくあります。

　上司の側から見ても**「報告があります」と言われるのと「相談があります」と言われるのでは、ずいぶんと負担が違います。**

　報告は基本的に聞けばいいですし、多少の未決事項があったとしても判断すればいいので楽なものです。

　ところが、相談は脳みそを使います。つまりそれなりに疲れます。

　相談を持ちかけるときに、「ちょっとお時間よろしいでしょうか？」と言う人がいますが、その目的が相談なのか報告なのかはしっかりと告げましょう。

　そして、相談であれば、基本的には何の件かを告げて、その場で話すか、時間のあるときに相談にのってもらうかを決めてもらいましょう。

　もちろん、緊急の場合は「急ぎで相談させていただきたいことがあるのですが」と告げてもいいですが、相手の時間に割り込むイメージを持たれますので、よっぽどでないかぎり使わないほうがいいでしょう。

　相談上手になるには、ある程度のところまで自分で考えて、その考えた痕跡をしっかり説明してから、相手の意見を聞くようにしましょう。

　ただし、答えを求めてはいけません、相談はあくまでも助言、つまりヒントをもらうためにするものです。

　部下としては自分で決められないことは上司が全て決めてほしいと思うかもしれませんがそうではありません。

　上司が決めるのは目的とゴールです。手段については担当者に任され

ているのです。「相談して上司が言ったから、そうしたんです」と言う人がいますが1つひとつの細かいことを上司に相談して決めてほしいと考えるのは筋違いです。

「色は何色がいいと思いますか？」、「資料はクリップでとめますか？ホッチキスでとめますか？」など、そうなると相談ではなく、責任の放棄だととらえられるでしょう。

これは相談するべきことか、自分で勝手に判断していいことかを考えるクセをつけましょう。

不安であれば、作業リストだけ提示して、「以下のことは私にお任せいただいてよろしいでしょうか」とだけ相談して、決まった後に、こうしましたと報告すればいいわけです。

また、難しい問題は、上司だけが相談する相手とはかぎりません。あくまでもヒントをもらうという視点に立てば、複数の人に相談してみてもいいでしょう。

相談したあとは、かならず結果を報告しましょう。相談されたほうがどうなったんだろうと気にするものです。

相談をされるのは、一見面倒なようにも感じますが、相談されるということは、頼りにされているということなので、相談を受けるほうも実はうれしいものなのです。

うまく相談してくる人は人から好かれます。しっかり考えて相手のタイミングを見計らった相談上手になってください。

ポイント

上司はうまく部下から相談されると頼りにされているようで、うれしいもの。

19 報連相の最後に、感謝の言葉もしっかり伝える

報告が終わってグッタリと席に戻る人がいます。やっと終わったと報告が大変だったことをアピールしたいのかもしれませんが、なんのためのアピールでしょうか。

上司は、そのしぐさひとつもあなたのメッセージとして受けとります。「私はあなたと話すのが大変なんです。できれば避けたいんです」という意味にとるでしょう。

第2章のところで、表情や笑顔の話をすでにしましたが、報連相などの話をするときの表情や態度ももちろん大切です。
「わかりました」と言いながらブスッとしていたら、「言っていることはわかりましたけど私は納得していません」と解釈されるでしょう。
「すみませんでした」と言いながら平然とした顔をしていたら、「本当は悪いなんて思っていないんですけど、そう言わなければ終わりませんので謝ります」と解釈されるでしょう。

1つひとつの表情やしぐさが、上司にメッセージを伝えます。

逆に報連相が、終わったときに「ありがとうございます」と、感謝の一言を添えられると上司はうれしいものです。

部下からの報告を受けるのは上司の仕事ではありますが、忙しいなか、短い時間だとしても手間を掛けてよかったなと思います。
そう思うとまたその時間をとってもいいなと思えるのです。
あなたと話すこと自体が上司にとって満足できるものであるならば、

あなたの報告を受けることは嫌ではなくなります。

逆にあなたと話すことが面倒だな、ストレスだなと感じるのであれば、上司はできるだけ、あなたの報告を受けなければいけないものと思いつつも、受けたくないなと考え始めます。

この2つの差は、説明のわかりやすさや論理的に整理された話かどうかという面ももちろんありますが、どちらかというと話し手が発信する感情的な表情やしぐさの差が大きいでしょう。

部下が上司と話すのが嫌だという思いを持っていると、上司もそれを感じます。部下が怒られるのが嫌だとビクビクしていると思うと、なんとなく上司もそれを感じ取り、ちょっとしたタイミングで思わず怒ってしまいます。

上司と部下の関係は、あくまでも仕事の関係ではありますが、結局は人間と人間の会話で互いの信頼関係がモノを言います。

自分の表情や態度にも「ありがとうございます」という意味を込めましょう。

次の指示をしてもらったこと、明確なヒントをくれたこと、頭の整理ができたこと、だけでなく、問題を指摘してくれたこと、厳しく叱ってくれたこと、質の高い要求をしてくれたこと、そして何より忙しいなかで時間をとってくれたことに対して感謝している気持ちを伝えましょう。それは必ず伝わります。

そして、それは上司のためではなく、自分がうまく仕事を進めるために必要なものだと考えましょう。

ポイント

上司も感謝されれば、あなたの報告が楽しいものになる。

20 他部署とのコミュニケーション
（調整・交渉・説明のテクニック）

調整・交渉

　上司に対する報連相と並んで、難しいのが他部署の人とのコミュニケーションでしょう。ここからは「**②他部署への調整、交渉**」と説明をみていきます。相手の人がどのような仕事をしていて、今忙しいのか、どのような性格なのかがわかりません。そんな相手に何かを頼んだり、調整や交渉をするのは非常に疲れるものです。

　また、社内説明会や報告会など、複数の人の前で説明することも緊張するものでしょう。

　他部署とのやりとりは例えば上司のこんな指示から始まります。

　上司「開発部に顧客調査のデータをもらえるか聞いてくれるか？」
　部下「誰に聞けばいいですか？」
　上司「わからないけど、電話で聞いてみて」
　部下が開発部に電話をかけてみます。
　部下「すみません、顧客調査のデータがほしいのですが、ありますか？」
　他部署相手「そんな便利なデータがあればこちらがほしいくらいだね、なにに使うの？」
　部下「あっ、いやその、とにかく必要なんですがありませんか？」
　他部署相手「う〜ん、そう言われてもね。ちょっとわからないなあ、今忙しいんだけどね。時間があれば探して見つかるかもしれないけど」
　部下「そ、そうですか。わかりました。ありがとうございます」
　再び上司に報告します。
　部下「電話で聞いたところ、ないそうです」

上司「誰に聞いたの？」
部下「いや電話に出た人にです」
上司「その人が担当なの？」
部下「スミマセン、わかりませんです」
上司「……。わかった俺が聞いてみるよ」
上司が開発部に電話します。1分後、電話を切って上司が言います。
上司「データあるって、すぐメールくれるから内容確認しておいて」
部下「……（心の中で）なんで、上司だとうまくいくの？」

　他部署の人とのやりとりは若手にはどうしても難しいものです。はじめて接する人が多く、相手との力関係もよくわかりません。

　それでも、他のコミュニケーションと同じで基本を押さえることがまずは大切です。誠意を持って相手と接していくことで、信頼関係をつくります。

　そして、**単に要件を伝えるだけではなく、何のために必要か目的を合わせて伝えましょう。よくあるNGパターンは、やってほしいことだけを一方的に伝えることです。**

　相手も忙しいはずですから、どのような意味合いでやってほしいのか理解できなければ後回しにされてしまいます。

　他部署との調整上手は上司から特に信頼されます。それは、上司にとっても他部署とのコミュニケーションは難しいことだからです。

ポイント

要件だけでなく、目的も伝えてお願いする。

21 他部署への依頼は相手のメリットをしっかり入れて話す

調整・交渉

「今、社内の働く環境に関する意識調査をしています。お忙しいなか、お手数ですが添付のアンケート用紙の内容を部門内の意見を集約して記載し、来週中に私宛にメールで返信してください」

　他部署への依頼は例えばこのような形で電話やメールでしているのではないでしょうか。ところがその期日になってもなかなか必要なデータは集まらないものです。

　すでに77ページで述べているように、仕事は全て「①目的：なぜするのか（WHY）」→「②内容：何をするのか（WHAT）」→「③手段：どのようにするのか（HOW）」の順番で考えるべきなので、他部署への依頼も「依頼の目的」→「依頼内容」→「詳細・〆切」の順番に行うことが基本になります。

　ところが、これらのお願いがうまくいかない原因の多くは「依頼の目的」が伝わっていない、もしくはそもそも伝えていない場合が大半です。

　なぜかというと、覚えておいてください。この「WHY」「WHAT」「HOW」は人によってズレるんです。

　先ほどの例でいうと、依頼者の「WHY」は「社内の働く環境に関する意識調査をするために」、「WHAT」は「来週までにアンケート用紙を集める」、「HOW」は「各部の部長にお願いしてメールで返信を来週中にもらう」と考えているでしょう。

　ところが受け手のほうは、「WHY」は「よくわからない」、「WHAT」は「意識調査をメンバーに聞いて集約する」、「HOW」は「よくわからないが、たぶん自分でメンバーに意見を聞きまわり、アンケート用紙に入力して、来週中にメールするんだな（けっこう面倒だけど）」とな

るかもしれません。

　つまり、自分としてはが目的が明確のつもりでも、相手にとっては「なんのための意識調査？」となるわけです。

　特に立場が上にいくほど、高い次元の目的が必要になります。

　会社にとって意味があるのか、自部門への影響はどうなるのかなど、「そもそもなんのため？」ということをしっかり伝えなければ、忙しい人に動いてもらうことはできません。

　この場合であれば「来期スタートする社内業務改革プロジェクトのテーマを調べるため」のような、会社としての必要なことだという目的を記載したほうがいいでしょう。

　ただし、単に高い次元の目的であればよいのではなく、できれば相手のメリットがあるほうがいいわけです。

　例えば営業部から開発部への依頼目的が「営業マンのスキルアップのため」となっていても、依頼された開発部にとっては、「たしかにそれは必要だけど、それはそちらで頑張ってよ」となるかもしれません。

　そこで目的を「営業マンが新商品の開発経緯を理解し、たくさんの新商品を効果的に売れるようにするために」と言えば開発部にとってもメリットを感じることができて、協力しようかなと思うでしょう。

　このように依頼する前に単に「目的、内容、手段」が入っているかを確認するのではなく、その目的には相手のメリットが表現されているかと考えてみることが必要です。

ポイント

自分にとって意味があると思えることなら協力はとりつけやすい。

22 意見の違いは立場の違い、相手の立場をイメージする

基本　報連相　**調整・交渉**　会議

　自分では、これこそ会社のなかで最重要なことだと思って、まわりの部署に依頼をしても、なかなか相手に通じないことはないでしょうか。
「忙しいなかすみませんが、全社的な取り組みですので、協力してくれる担当者をひとり出してもらえませんか」
「う〜ん、言っていることはわかるし、大切なのは理解できるんだけど、なにせ今現場の対応でみんなバタバタしていてねえ〜、困ったねえ」
　このようにノラリクラリと同意を得られず、話は一向に進みません。「なんでわかってくれないんだろう」と思いますが、実は相手もわかっています。なぜしなければいけないのか、それがとても大切だということも。
　ところが、**それぞれ仕事をすると優先順位が違います**。例えば開発部門であれば、来年度、新発売の商品のことが最も優先されることになりますし、研究部門であれば、中長期的な新技術の開発が最も優先されることになるでしょう。
　営業部門であれば、いかにお客さんを訪問して売上につなげるために時間を使うことが大切ですし、生産管理であれば、いかに販売予測の精度を上げて、在庫を減らすかが大切だったりします。
　全ては会社がしっかりとした商品やサービスをお客様に提供して、売上や利益を上げることにつながっているはずですが、部門の役割を遂行し始めると、それぞれの目標達成を目指して、人や時間そして予算を割り振っていくわけです。
　そのようななかでの、他部門からの依頼とは仮に全社的に大切だと言われても、なかなか協力できないこともあるでしょう。

つまり、時間に余裕があれば手伝ってあげたいと思っているのです。相手は協力しないと言っているのではなく、優先順位の問題で後まわしになるよと言っているわけです。

そのようなときにしなければいけないことは、２つあります。
１つは相手の立場に対して、理解を示すこと。もう１つはお願いしていることの負荷を明確に示すことです。
こちらから相手の立場を推測して、「営業が毎日、遅くまで残業しているので、なかなか販売予測を入力する時間が取れないのは、私も理解しているつもりです」と、相手がなかなか協力できない理由を、自分のほうからしっかり伝えてみます。

自分のことを、しっかりとわかってくれている相手には心を許します。「ああ、この人は面倒だということをわかってくれている。その上で頼んでいるのなら、やってやろうか」となってきます。

次に協力するための労力や時間的な負荷は、具体的にどれくらいなのか、それは現実的にできるのかについての提案をしてみます。
「たぶん、営業の方ですと、顧客訪問と顧客訪問の間にスキマ時間が毎日少なくとも10分くらいはありますよね。そのときに携帯電話で入力できるシステムをつくりましたので、１日５分ほどだと思います」と相手の不安を取り除く説明をしていきます。

自分の依頼は、相手の時間をどの程度奪うのか、その見込みが立っていないお願いでは、相手の合意は得られません。

ポイント

相手の立場で考えたお願いのしかたをしよう。

23 相手の意見を聞いても損はない

調整・交渉

　他部署との調整・交渉というと、自分の考えを主張して、なんとか押し通したい、先制攻撃で決着をつけたいと思うかもしれません。

　相手の話を聞くと、「自分の考えが揺らぐかもしれない」「話がややこしくなって時間がかかるかもしれない」と思うかもしれません。もしくは、「常に話すことだけで頭がいっぱいになる」ということもあるでしょう。

　しかし、**うまく交渉を進める人はいきなり主張ばかりをしません**。相手の話を十分聞いて、その人が何を求めているのか、考え方や価値観の共通点と相違点を理解しようとします。

　そもそも調整・交渉というものは、「やるべきこと」を、「いつまでに」、「だれが」、「どのようにやるのか」を決めることです。

　つまり相手の持っている時間や人材や、得意・不得意を把握する必要があるはずです。

　例えば「来週までにデータをエクセルで提出してください」とお願いしたとして、相手が「できない」と答えても、実は単に「エクセルが得意な人があまりいない」ということもありえます。

　相手が機転の利く人であれば、「では紙で提出するのでもいいですか」と代案を出してくれる場合もありますが、短絡的に「無理ですよ」と言われてしまうケースのほうが圧倒的に多いでしょう。

　つまり**相手の話を聞くことによって、自分と相手双方の妥協できるポイントと譲れないポイントを理解することができる**わけです。

　ただ、相手の話を聞くときに、注意してほしいことが一つあります。仮

に相手の話のなかで、自分の考えと違う部分があっても、途中で相手の話の腰を折って、無理には訂正せずに、まずは一通り話を聞いてから、意見の相違点について説明するようにしましょう。

相手と共通の大きな目的を達成することが大切なのに、小さな意見の相違にこだわって、感情的な議論になってしまう人がたくさんいます。

仮に、相手の意見が違うと感じたとしても、否定はせずに、「先ほど言われた〇〇〇のところですが、自分の考えも説明させてもらってもよいですか」と柔らかく切り出して、相手の意見の横に自分の意見を並べておくように心がけましょう。そして、相手の意見のメリット・デメリット、自分の意見のメリット・デメリットを客観的に比較して、どうするのがいいでしょうかと相手と一緒に考えるスタンスで話し合うことをお勧めします。

交渉で意見が違うとすぐに「感情」の対立になりがちですが、意見の対立点が見つかったことを喜ばしく思う思考パターンを身につけましょう。

この部分は同じ意見だが、この部分は違う意見だと、共通点と相違点が明確になってきたということです。

これは大きな前進です。交渉では相手がどれだけ感情的になったとしても、自分はそれにつられてはいけません。

からまった毛糸を根気よくほどいていくのと同じように、冷静に話を聞きながら対立点をすりあわせていきましょう。

ポイント

相手の話を聞かずに自分の意見を押し付けても、いい結果は得られません。

24 常に相手の主張の裏にある目的を引き出す

　交渉ではよく双方がWIN-WINになるように（利益をお互いが得るように）考えましょうと言いますが、これを説明する有名なエピソードがあります。

　夏の暑い日、ある図書館で、ひとりの男性が本を読んでいました。彼は席を立って、窓を少し開けて、席に戻りました。次の瞬間、その前の席に座って勉強していた女性が席を立って、先ほど開けた窓をピシッと閉めてしまいました。窓を開けた男性は少し不機嫌な表情をしています。

　このようなケースの場合は単なる行動にフォーカスするのではなく、それぞれの目的を確認してWIN-WINのポイントを探す必要があります。

　男性の目的は「熱いので風を部屋に入れたい」のかもしれませんし、女性の目的は「風で資料が飛ぶと嫌」かもしれません。

　そうであれば、「資料が飛ばないように、涼しくするにはどうすればいいのか」という解決策を探せば、WIN-WINになるでしょう。

　例えば、開ける窓の位置を変えることで風の入り方を穏やかにするとか、どちらかが席を変えるとか、扇風機やクーラーがないかを確認するとか、そのような選択肢があるでしょう。

　交渉するとき、人はけっこう目に見える行為でもめています。「資料は少ないほうがいい」か「資料は詳細までしっかり準備するほうがいい」とか、「若手は地道に手伝いをしながら仕事を覚えるべきだ」か「若手も新しいことにドンドン挑戦するほうがいい」など、表層的なことで言い合っていても合意は得られません。

　相手の狙い、意図、目的はなんだろうと探りながら、WIN-WIN

になる方法を考えていってください。

そして、実際に提案をするときには、話す順番も大切です。

まず、「①相手の主張とその目的は何か」を話します。次に「②自分の主張とその目的は何か」を話します。そして、対立する両者が守るべき、「③全社的な目的や方針」を語ります。最後に「④双方の目的に配慮した新しい提案」を語ります。

例えば、生産部門が営業部門に交渉している場合、「(①相手の主張と目的) 営業部門は商品の販売見込みの記録を毎日入力するのを止めたいと主張していますが、その目的は営業時間をもっと増やしたいということですよね」「(②自分の主張と目的) 一方、生産部門ではしっかりと販売見込みを入力してほしいと主張していますが、その目的は商品在庫を減らしたいということです」「(③全社的な目的や方針) 会社としては不景気ななか、無駄な経費を減らして、利益を確保しろという方針が出ています」「(④新しい提案) なので、売れ筋商品7品目に絞って見込みの記録を入れてもらい、営業部門の負担を減らしながらも、在庫の圧縮を進めたいと思いますが、いかがでしょうか」。

このようなステップで話してみましょう。

ポイント

大きな目的のうえに、相手の主張と自分の主張を乗せて、考えよう。

25 好意をもてば人は動いてくれる

調整・交渉

　みなさんは、自分が交渉しなければいけない相手に対してどのよう姿勢でのぞんでいるでしょうか。

　自分の主張を絶対、相手に飲んでもらわなければいけないという攻撃的な姿勢でのぞむのか、共に仕事を進めている好ましい同士と思ってのぞむのか、一体どちらに近いでしょうか。

　人は自分に好意を持ってくれている人の言うことをよく聞きます。

　これは「好意の返報性」と言われるものです。

　人は誰しも自分のことを認めてほしい、高く評価して欲しいという思いがあり、そういった**好意を示してくれる相手には、お返しをしなければいけないと考えてしまう**ということです。

　別に歯の浮くようなゴマすりは必要はありません。好意を示す第一歩は、名前をしっかり覚えて、名前を入れながら話すということです。「これをぜひお願いしたいんです」と言うところを「山本さんに、これをぜひお願いしたいんです」と名前をつけて頼んでみます。

　たったこれだけかと思うかもしれませんが、**聞き手は"自分に"期待してくれているのかとうれしくなるものです。**

　そのために、しっかり準備しておきましょう。今日会う人の名前をしっかりと頭に入れておきます。人数が多いようならノートの隅に小さくメモしておいてもいいでしょう。

　そして、漠然と全員にお願いするのではなく、一人ひとり狙いを絞ってお願いしていきます。その人の得意な面を強調するとなおよいです。「加藤さんのつくった資料はいつもシンプルで見やすいですよね」とさりげなくその人の自尊心を高めます。その次にいきなりお願いをすると

いかにもゴマをすっているように聞こえますので、相手をほめる時間と、実際にお願いする時間は少し間をあけたほうがよいでしょう。

また、その人が発言したことを覚えておくというのも効果的です。「前回、鈴木さん、迷ったときは自分から進んでやるべきだと言っていましたよね。あれすごく共感しました」という感じで言ってみます。

自分がなにげなく言った一言を相手が覚えていてくれるというのは、相手にとってはかなりうれしいものです。

接点がない人であれば、「山田さんって、私の部署の先輩の高木さんと同期なんですね」くらいでもOKです。自分に興味を持ってくれているんだというだけでもよい印象を与えられます。

そうしてテクニックとして好意を示そうとしているだけでも、自然に相手との対立意識が和らぎ、自分のなかでも相手に対する本当の好意がふくらんでくるものです。

ポイント

名前をつけて、お願いをする。

26 ネガティブ接続詞を排除する

調整・交渉

　人の話をなんでもかんでもネガティブに受けてしまう人がいます。「いや、そうは言っても……」「だけど、実際には……」「でも、それでは……」。ちょっとでも意見が違えば、なんでもNO／BUTと返してしまいます。

　このクセがつくと、意見が同じときまで、ネガティブ接続詞を使ってしまいます。「いや、そうなんですよ」「いや、それは大事なんですが、さらに……」。たぶん、**何か自分の意見を出さなければいけないと思うから**でしょうか。

　論理的に考えれば、意見が違うときには相手の意見を否定してから、自分の意見を言うことは正しい選択ですが、感情まで含めての交渉、調整ですから、ネガティブ接続詞は極力、会話から排除しましょう。

　必ず相手の気持ちをくじきます。もちろん、大きな反感を買うほどではないにしても、会話のなかに「でも」「だけど」が入っていると建設的に進めていく気持ちがおきません。音楽を聴いているときに、小さなノイズが入るとそれが気になって、楽しめないのと同じです。

　相手と意見が違うときは、その意見の横にうまく自分の意見を並べるように言ってみましょう。否定はせずにサラッと受けて自分の意見を横に並べてみる。

　まずは、相づちやオウム返しで「なるほど、おっしゃっていることは○○○ということですね」と意味を理解していることを相手にもわかってもらいます。

　そして、その意見は否定しないで、自分の意見も並べてみましょう。「なるほど、例えば私は○○○○と思っているのですが、そのような考え

方はどうですか？」という感じです。

英語では「YES、BUT」という言い方があります。日本語にすると「はい、なるほどそうですね。しかし、私は……と思います」となります。これでは結局否定が入るので、BUT（しかし）をとってみるのです。「はい、なるほど、そうですね。（考える間）例えば、私は……と思っているのですが、その考えはどうですか？」という言い方です。

否定はせずに並べて置く。2人で買い物に行ったときに洋服を選んでいて、「この服よくない？」と言われたら「ああ、いいね。こっちの服はどう？」と、さらっと別の選択肢を言いますよね。そのときにも別に相手の選んだ服を否定しないわけです。この感覚を身につければ相手に不快な思いをさせません。この人は私の意見を認めてくれるし、自分の選択肢の幅を広げてくれる人だと思われるでしょう。

立場が違えば、意見が違うのは当たり前。でもその違いは必ず調整可能だと信じてみる。そうすれば大半のことはうまく進むはずです。

議論に勝っても意味はありません。相手は口では言うことを聞きますが、それでは本心からの協力は得られないでしょう。

ポイント

「だけど」「でも」は相手のやる気をなくさせる。

27 オフィシャル感を出すために紙の「依頼書」をつくろう

調整・交渉

　他部署と何か交渉するときは、別に自分の個人的なお願いをしているわけではなくて、部門の代表としての話をしているはずです。

　ところが、人は誰が話しているのかに大きく影響されてきます。例えば、若手が「すみません、この書類を明日までに間に合わせてもらえますか、お客さんに提出する重要な書類なんです」と言う場合と、部長が「悪いが、この書類を明日までにやってもらえないかな、お客さんに提出する重要な書類なんだよ」と言う場合では、話している情報はまったく同じでも、部長が言うほうが圧倒的にうまくいきます。

　つまり、若いときには、相手は自分の足元を見ますし、なめてかかってくることもあるわけです。

　正しいことと、うまくいくことは違います。自分は部の代表としてお願いしているのになんで聞いてくれないんだろうと愚痴を言っても生産的ではありません。

　つまり自分のお願いが「部を代表したお願い」であることを相手に印象づける必要があるわけです。

　そのようなときに、役に立つのがしっかりとした書類をつくってお願いに行くことです。ワードか何かで、文章をつくり「依頼書」と表題をつけて相手に渡して話してみましょう。

　なぜか、人は紙の依頼に弱いものです。口頭で伝えたことには重きをおきませんが、書類による依頼となると丁寧に扱ってくれるものです。

　書類のなかには、しっかりと依頼内容とその目的、〆切、提出先、何かあったときの連絡先などを記載しておきます。

　そして、その文章をしっかりと頭に叩き込み、資料を見ないで話して

みるんです。しっかりと考え抜いて整理した情報だという印象を相手に与えることができるでしょう。

場合によっては、依頼者に上司の名前と自分の名前を併記してもいいでしょう。自分の名前だけだと相手も低くみがちですが、立場が上の人の名前が入っていると、簡単にノーとは言いにくいものです。

聞き手は依頼に対して相手がしっかりと考えてきているのか、明確な目的意識をもっているのかを値踏みします。

そして、多少無理なお願いするときには「無理を言ってすみませんが、上司から絶対間に合わすようにお願いしてこい」と強く言われましてと多少上司を悪役にしてもいいでしょう。

「今、お忙しい時期なのは理解しているつもりなのです。大変申し訳ありませんが、お願いできないでしょうか」と言い添えます。

相手が若いようなら「山本さんも、上司の加藤課長の了解が必要ですよね。私のほうで、今から加藤課長のほうにお願いにあがろうかと思っていますが、いかがですか」と相手の立場に対する理解を示してみます。

そうすると、話がややこしくなると嫌だなと思うでしょうから、「いやいや大丈夫。自分で判断できますよ。わかりました、なんとかしますよ」といい返事が聞けるのではないでしょうか。

「お互い辛いですね」と、その人と仲よくなれば次のお願いもしやすくなるでしょう。

ポイント

書類と上司でオフィシャル感を出す。

28 上司同士で調整するときも、交渉のシナリオは自分でつくる

部下「営業とどちらが担当するかで少しもめていまして、課長すみませんが調整をお願いしてもいいでしょうか？」

上司「わかった、わかった、任せとけ！　まあ、これはうちの仕事じゃないし、相手にそっちで頼むよと言えばいいんだろう」

こんな形で上司に頼んだ調整ごと、数日後、上司から報告を受けます。

上司「この前の件だけどさ、やっぱりうちですることになったから。営業はやっぱ忙しくて無理らしい。悪いけど、キミやってくれるか」

部下「えーー！！（そんなんだったら、自分で話せばよかった）」

このような経験は、ないでしょうか。他部門との調整をするときは、自分でするのか、上司に頼むのかを迷うことがあるでしょう。

もちろん、部をまたぐ調整ごとは部長同士で、課をまたぐ調整ごとは課長同士でするほうが何かとスムーズなのは確かです。

それはもちろん権限があるからです。ところが、現場レベルの作業の調整になると上司はあまり詳細をわかっていないことがあります。

上司として、気前のいいところも見せたいので「わかった、俺が調整するよ」と言うかもしれませんが、それでうまくいくとは限りません。

場合によっては、なかなか調整してくれないこともありますし、「調整したよ」と言っていても、相手に一声「よろしく」と伝えただけで、まったく詳細まで詰まっていないこともありえます。

また、話す相手も管理職となる場合が多いので、相手の部署の担当者まで話が落ちていないということもあるでしょう。

私の経験でも、仕事を相手の部署に頼むつもりが先方の話に丸めこまれて、逆に余計な宿題までもらってくる場合さえもありました。

つまり、上司に調整を頼むとしたら、事前にしっかりと策を伝えておく必要があるわけです。別に一言一句このとおりに話してくださいと伝えるわけではありません。

お願いする具体的な内容とその目的、どこまで譲れるのか、譲れないポイントはどこかなど、状況を上司にインプットしていきます。

できれば、交渉の途中で相手がどう言ってくるかも考えて、想定問答も共有しておいたほうがいいでしょう。

もし、上司がうまく調整できたと言ったとしても、安心は禁物です。

具体的な状況を上司に確認したうえで、今度は自分で相手の担当者レベルの人と話をしてみましょう。

よくある認識のズレとしては、お願いしたことを相手がやってくれることは合意したけど、考えていた納期では対応できないといったパターンです。

ここまでくればあとは自分で引き取って具体的な話を進めましょう。

基本的に上司にお願いする交渉ごとは、「やるか、やらないか」のレベルにとどめ、あとは自分で調整する意識を持ったほうが、結果的にうまくいくことが多いと思います。

❶ ゆずれないポイントはどこかインプット　❷ 上司に調整してもらう　❸ 自分で詳細は担当者と話す

ポイント

上司同士の調整は、詳細まで詰まらない。

29 複数の前で説明するときは「間を取り」「視線を配る」意識を

調整・交渉

　上司「じゃあ、詳細は鈴木君のほうから説明してくれるかな」
　部下「わ、わかりました。それでは、私のほうから◯◯システムの細かい使い方について説明させていただきます。こ、今回の変更点は、主にですね〜（ああ、緊張するなあ……）」

　ちょっとした他部門との打ち合わせでも、よく知らないベテラン社員が目の前に何人もいると、とたんに緊張することがあります。
　本格的な営業プレゼンとまではいかなくても、社内で説明会を開いて大勢の前で話す機会や、朝礼などで簡単なスピーチをする機会まで、大勢の前で話す機会は今後増えてくるでしょう。
　せっかく考え抜いた提案でも、マゴマゴしていると内容までイマイチだなと思われます。特に他部門にお願いする場合は、内容よりも説明のしかたが明暗を分けることもよくあります。
　複数の人の前で話すときに注意することは**「（間の取り方や抑揚などの）話し方」**と**「（視線や姿勢などの）体の使い方」**の2点です。
　まずは「話し方」ですが、これは間を取る意識を持ってください。
　ゆっくり話す意識も大切ですが、スローなペースで棒読みされると聞き手はすぐに眠くなります。
　人間はそれなりに速く話しても聞き取れるものですが、間がないと理解が追いつかないわけです。言っていることは聞けているけど、意味がよくわからないということがおこるのはこのためです。
　また、無理に極端な抑揚をつけようとしなくてもいいですが、大切なキーワードを言うときは、その部分を強く言おうとしてください。
　人の話を聞いていて、淡々と話すと何がポイントかわかりにくいな

思うことがよくあります。

次に「体の使い方」ですが、まずは視線の配り方について考えてみましょう。

聞き手が複数いる場合は、視線を配りながら話すのは当たり前ですが、話すことに集中すると、やたら１人をジッと見たり、逆に視線を配るスピードが速すぎて、キョロキョロしているように見える人がいます。

視線の配り方のコツは「１つの文章を１人に送る」です。 １センテンス話したら、少し間を取って、違う人を見て話す。

そのように心がければ相手に落ち着いている印象を与えます。

もちろん、相手を見る目的は、相手が理解しているかなと確認する意味もあります。

相手がわからないなという表情をしているのに、我関せずでドンドン話を進める人がいます。

自分の持っている原稿を全部しゃべることが目的ではなく、相手が内容を理解することが目的で話しているわけですから、相手がわからなそうな表情をした場合は、必ず「何かわからない部分がありましたか？」とか「話すスピードが速いですか？」と確認しながら話を進めるように努めましょう。

最後に話す姿勢ですが、自信のある人は背筋がピンと伸びていて、やや前傾姿勢で熱っぽく話すものです。猫背になっていないか、横柄な態度に見えないか、ポケットに手を入れて話していないかなど無意識の姿勢や態度にも注意してください。

ポイント

自信のある話し方は、身につけられるもの。

30 慣れていないことを言い訳しない

調整・交渉

人前で話す自信がない人に見られる３つの欠点があります。

まず１つめに、前に立った瞬間、言い訳から話し始めるというパターン。開口一番「慣れていないのですが」「けっこう緊張しますね」「まだ、準備が十分できていないのですが」と言った予防線を張るということです。

本人としては聞き手の期待値を下げておけば、話が多少イマイチでも許してくれるのではないかと思っているのでしょう。

ところが「それなら出てくるなよ」「準備不足の話は聞きたくないよ」と聞き手は思ってしまうでしょう。

どれだけ準備不足でも、人前に立ったら言い訳はしない。それまで準備した内容を全力でぶつける覚悟を決めてください。

２つめは、表情が暗く、声にも張りがないということです。

みなさんは人と会うときに第一印象をよくしようと意識しますよね。ネクタイが曲がっていないか、髪型がおかしくないかということを気にするはずです。

ところが、自分の声がどのような印象を与えるのかに無頓着な人が非常に多いわけです。

暗いトーンで「改革するべきですよ」と言うのと、元気な明るいトーンで「改革するべきですね！」と言うのでは、同じ意味でもまったく違った印象を聞き手に与えるでしょう。

私はこれを「声の第一印象」と呼んでいるのですが、つまりは話し始めの５秒間で、あなたが大人しい人なのか、ネガティブな人なのか、それとも明るく元気な人なのか、自信にあふれている人なのかを聞き手は

見抜いてしまいます。

そうだとすれば、はじめの一言で相手にどんな印象を持ってもらいたいのかをまず決めて、その印象にあった声を出そうとしてみましょう。

できれば、事前に1人で会議室に入り、声を出して練習してみるといいでしょう。

3つめは、話が終わった直後の表情です。話すのに慣れていない人を見ていると、自分の説明が終わった瞬間、「あ〜やっと終わったよ。キンチョーした〜」という表情をしています。

説明が終わってホッとするのはわかりますが、話し終わってもしばらくは気を緩めないでおきましょう。話が終わった瞬間は聞き手を一通り見渡して自分の話がしっかり届いたかなと確認するくらいの意識を持てば相手にも自信が伝わるでしょう。

立って説明するのであれば、自分の席に座るまでの間も見られています。失敗しちゃったなということを照れ隠しで頭を掻きながら席につく人がいますが、そのしぐさ1つも聞き手に自信がないというメッセージを伝えていることを知っておきましょう。

人前で話すことに慣れていない人は緊張してしまってうまく自分本来の力が出せないと思うかもしれませんが、基本的に聞き手は話し手が緊張しているかどうかを気にしません。

話の内容や話し手の熱意があるかを見ています。

自分が緊張したかを気にするよりも、熱意がちゃんと伝わったかを気にしてください。

ポイント

緊張より自分の熱意が伝わるかを意識する。

31 調整・交渉
眠くならない話し方をするには

　人の話を一方的に聞いていると、5分もたたずに眠くなってくることがあります。一方、まったく同じテーマについて話していても全然眠くならずに話しに引き込まれていく場合もあります。一体この差はどこにあるのでしょうか？

　眠い話し方をする人は、抑揚がなく平板な話し方をします。どこがポイントかわかりません。

　話し手が同じトーンでずっと話し続けると、聞き手の脳みそは、内容を理解するのに使われるのではなく、どうすれば眠そうだとバレずにいられるかに使われます。

　相手の興味を引くテクニックとして「質問」や「問いかけ」を入れようというものがあります。

　例えば「〜ですが、どうすればいいでしょうか？」「〜のときにどうしますか？」といった疑問文で話す方法です。

　クイズをすると人は考えてくれるというのは確かにそうなのですが、これもなかなか難しい面があります。若手の人が目上の人に「そんなとき、どうすればいいと思いますか？」なんて、質問すると「キミは俺をなめているのか」と怒られかねません。

　そこで、ご紹介したいテクニックが、**普通に話しながらも問いかけと同じ効果を発揮する方法**です。

　そのやり方は、**文章をひっくり返す方法**です。

　一般的に日本語は「○○○○○○○○○○○○することが、大切です」

とか「○○○○○○○○○○○○を、まずやってください」というような言い方をします。その文章をひっくり返してみてください。

「大切なのは、○○○○○○○○○○○です」とか「まずやっていただきたいのは、○○○○○○○○○○○です」という言い方です。

　このように話すと興味を持って聞いてもらえます。

「大切なのは……」と言ったところで、聞き手は「大切なことか、聞き漏らしてはいけないな」と意識します。

「まずやってほしいのは……」と言ったところで「まず何をやるのかな」と思います。

　慣れてくると少し間を取ってもいいでしょう。「大切なのは、（間を取りながら、次のセリフを少し抑揚をつけて）……なんです！」「まずやってほしいのはですね（間を取りながら相手を見渡す）……なんです」という形です。

　つまり１つの文章の前半が「質問」、後半が「答え」となるのです。これで十分、問いかけと同じ効果が得られます。

　同じように「……が今問題です」を「今、問題なのは……です」と、「……がよくある課題です」を「よくある課題は……です」と、「……がお客さんがまず求めることです」を「お客さんがまず求めるのは……です」というように言い換えましょう。

　こうすることで興味を持つような問いかけの効果と合わせて、話もずいぶんとわかりやすくなります。

ポイント

ひっくり返し文章で問いかけ効果を入れる。

32 左脳で理解し、右脳で共感させる

調整・交渉

頭の回転が速い若い社員が他部署のベテラン社員を説得しています。

若手社員「つまり、このシステムが有効なのは、最新式の情報管理システムがタイムリーな〇〇〇を常にフィードバックしてくれますし、効率面でもこれまでの30％のスピードアップが実現できるわけで、合理的に考えてこのやり方に変えるのが最も生産的な解決策なわけです」
ベテラン社員「このシステムがいいのはわかるんだけど、俺たちもう今までのやり方に慣れているので、変えたくないんだよね」
若手社員「そうは言っても、全社的にはこのやり方にしないといろいろ不都合が出てくるんです」
ベテラン社員「まあ、まずはそちらの部署で試してみてよ」
若手社員「……」

相手を説得するときに、論理的に考えることは大切ですが、必ずしもそれで他人が動いてくれるとは限りません。
相手が納得するのは「理屈」の部分と「感情」の部分があるわけです。
説明する内容を考えるときには、この部分は「左脳（論理）」に訴えかける部分だな、この部分は「右脳（感情）」に訴えかける部分だなと両面を押さえて準備する必要があるわけです。
例えば「機能」も「価格」も「実績」も「アフターフォロー」も、全てがパーフェクトですと言われても、何か乗れない気分になることもあるものです。そういったときは感情の問題を処理し切れていないケースがほとんどです。話に気持ちが入っていなかったり、自分が推進してい

こうという気概を感じられなかったりする場合もありますし、聞き手に対する配慮がされていない、私たちのことなんて考えていないんだと感じる場合もあるでしょう。

　よくあるのは**優秀な人はうまくいくかもしれないけど、普通の人以下の人にとっては、難しい提案になっている場合**があります。

　聞き手は、常に相手の気持ちを感じ取ります。

　この人、しっかりと私たちのことを考えてくれているとなれば、ついていきますし、何か上っ面の理論だけで、悪く言うと騙そうとしているんじゃないかと思われると、一見正しい話のように聞こえても人の心は動きません。

　常に自分の話し方に主体性が感じられるか、相手を引っ張っていこうとする意思があるかを意識することが大切です。

　そして最後に背中を押す一言「ぜひとも、この取り組みを成功させて会社の改革を進めたいんです。ご協力よろしくお願いします！」といった積極的なメッセージが人の背中を押してくれるはずです。

ポイント

頭で理解し、心を動かし、背中を押す。

33 話に説得力が増す3つの方法

調整・交渉

　話は正しいけど、なぜか納得いかない気がする。そのような場合、話のなかに欠けているのが「根拠」です。

「これらの提案書のフォーマットを統一するだけで、余計な資料作成の時間がずいぶんと削減できるじゃないですか！　一緒に取り組みましょうよ」

「それはわかるんだけど、今忙しいし、その統一フォーマットをつくる時間が取れないんだよね……」

　このような会話、みなさんも経験があるのではないでしょうか。仮に根拠を出せと言われても、まだやっていない取り組みですから、本当の正解はありません。

　それでも少し頭を回して、どのようなことを言えば相手はナルホドと納得するかを考えてみましょう。説得力を出すための根拠をつくる方法は以下の3つです。

①具体例を入れる

②数字を示す

③偉い人の言葉を使う

　まずは「具体例を入れる」ですが「モチベーションが上がる」「業務効率が高まる」などの効果に関する言葉は非常に抽象的です。そこで「例えば……」という言葉を口グセにしましょう。「モチベーションが上がります。例えば、元気のなかった若手社員が挨拶をするようになりますよ」とか「業務効率が高まります。例えば、エクセルの入力作業はもうしなくてよくなります」など。実際にどのような具体的なシーンで効果があるのかをイメージさせるといいでしょう。できれば、**他社の成功事例な**

どがあるといいですね。業界が違ったり、取り組みの状況が違うとしても、ある程度共通点が見出せれば、「例えば、業界ナンバー１のＡ社もこのやり方で劇的に効率が上がったようです」と言うだけで効果テキメンでしょう。

　２つめの「数字を示す」ですが、数字を示すときに陥りがちなのは正確な調査をしないと数字は示せないという思い込みです。
　わからない数字は想定でつくればいいんです。作業項目を拾い出して、おおよその時間を計算して提示しましょう。
　効果を示したい場合も、これまでやっていた行為がＸ時間だったものが、仮に〇％効率化するとすれば、Ｙ時間まで短縮できますといった風に仮説の数字を示すわけです。
　言い方としては「あくまで、私の試算ですが……」と言いましょう。試算ですから計算間違いがなければ否定のしようがありません。

　３つめの「偉い人の言葉を使う」ですが、若手が言った言葉と社長が言った言葉ではおのずとその重みが違います。
　「社長も今回は本気で取り組むと言っていまして、うまくいかないとヤバイんです」と権威の力も借りましょう。
　また、**著名人の言葉を調べておいて**「松下幸之助も苦情から縁が結ばれると言っています。今このトラブルが逆にお客さんから信頼を勝ち得るチャンスじゃないでしょうか」と言ってみれば重みのある言葉になるでしょう。

> ポイント

具体例・数字・偉い人の言葉で説得する。

34 明るい未来から逆算する

調整・交渉

　1週間程度で終わるお願いであれば、具体的な作業とそれにかかる時間さえ合意できれば相手も比較的簡単に納得してくれるものですが、半年や1年、もしくは今後ずっとやっていくといった内容のことを頼む場合は相手はやはり躊躇します。

「ぜひこの取り組みを一緒に始めていただきたいんです。やりたいことは……がありまして、それで……となりまして、そのほか……」

「言っていることはわかるけど、協力したら最終的にどうなるんだろう」とそんな不安が聞き手のなかにあるのかもしれません。

　このようになるのは、話し手の説明が「今やること」の羅列だけになっていて、最終的にどうなるのかが示されていないということです。

　そんなときは、以下の3点を試してみてください。

①ゴールの絵をイメージをさせる
②具体的でシンプルなステップを示す
③イメージしやすいたとえ話を入れる

　まずはゴールを示します。今始めた取組みが最終的にどうなるのか。「2年後に全ての部署で導入されて、全社の残業が70％減っているはずです」とか「最終的には営業マンの提案スタイルが大きく変わり、10分で全ての提案書が揃うようになるはずです」と明るい未来像を提示します。「本当にそうなるの？」と自分でも不安になると思うかもしれませんが大丈夫。**誰にも未来はわかりません。明るい未来像を示してくれる人にまわりの人はついてきたくなるものです。**

　事前に、できるだけ具体的な未来像をイメージしてください。自分の頭のなかに浮かばない未来は他の人には伝わりません。

ゴールの絵をイメージさせたら、次に具体的にそこまでたどり着くためのざっくりしたステップを伝えましょう。

3〜5ステップくらいがいいでしょう。あまり細かくしすぎると、相手が理解できません。

例えば、「導入時期→拡大時期→安定運用時期の３つの段階で進むはずです。それぞれですることは○○○です」というように大きな流れで説明すると相手もそのプロセスを理解できます。

そして、それでもイメージしにくい事柄に関しては、たとえ話を使うことをお勧めします。

これから取り組む未来像と共通点のあることを探してみます。

例えば「スマホで全てのデータ処理をするということを不安に思うかもしれません。しかし20年前に紙からパソコンに変わったときも不安に思いましたよね」とか「今回のプロジェクトは、野球のような明確な役割ではなく、サッカーのような臨機応変な対応が求められるんです」とか「手頃な価格で質のいいモノを提供する、言ってみれば○○業界のトヨタやユニクロのような存在になりたいんです」といった感じです。

❶ ゴールをイメージ ❷ 3〜5ステップで話す ❸ わかりやすいたとえ話

ポイント

ゴールが見えれば協力したくなる。

35 答えられない質問が出たら

調整・交渉

　説明を一通りしたあとに、質問が出ないのも寂しいものですが、ときとして想定外の答えられない質問が来るときがあります。

　このようなときに、オロオロして取り繕ったように答えてしまうと、いっきに話の信頼性が下がってしまいます。

　自分では、答えられない質問が出たときには、まずその質問を冷静に分析してみましょう。

　最初の関門は、相手の質問の意図がよくわからないけど、何か鋭い指摘を受けた気になるときです。

　適当な自分なりの解釈をしてしまい、的外れな回答になってしまうとアウトです。「いや、そういうことを聞きたいんじゃないんだけどな」と相手に言われる場合は、質問を正確につかんでいません。

　質問の内容がつかみきれないときは、素直に聞き直しましょう。「スミマセン、質問のポイントをしっかり理解したいので、もう一度言っていただいていいですか」と言いましょう。

　その間に考える時間がとれますし、2回目の質問ではもう少し簡単に言い直してくれるものです。

　ただし、それでも何を聞いているのかボヤッとする場合もありますので、**質問に答える前に、一度質問を復唱してみます。**

「質問の主旨は、○○○○のときにどうするかということでよろしいでしょうか」と自分で処理できる言い換えをしてみます。

　こうすれば質問が明確になり、回答もしやすくなります。

　次にあるパターンは質問の意味はわかるが、実際にはあまり起こりえ

ないケースを突いてくる場合です。例えば「そうは言っても、もし顧客からクレームが大量に来たら処理しきれないんじゃない」とレアケースの話を持ち出します。

そういった場合は、まずは相手の指摘をほめましょう。「なるほど、たしかに、そういったケースもあるかもしれません、気がつきませんでした」と一度受けとります。

そして「私が想定していた範囲は1時間あたり20件程度のクレームまででした。これは過去のデータの最大値です。もちろんそれ以上のクレームが来るケースもありえますね。今後の検討課題とさせてください」と受け流しましょう。

新しい取り組みをするときに、全てのケースを想定して準備することはできません。自分がある程度論理立てて考え、一定の前提に立った説明をしているのであれば、そのケースはありえるけど稀ですよねという主旨のことを柔らかく伝えるのでいいでしょう。

ただし、注意してほしいことは、自分が本当に考えが抜けていたり、浅かったりした場合、「それは想定していません」では通りません。

質問がもっともだと思ったときは、素直に対応するのが一番です。「考えが至らず、そのケースは抜けていました。再度考え直して回答させてもらっていいですか」とお詫びしましょう。そこで言い訳すると必ず話はこじれます。

そうして、どこまでの話を理解してもらったかを再度確認して、次回は、ここから始めますと話が振り出しに戻らないように、合意できたところと、できていないところをしっかり確認して終わりましょう。

ポイント

聞き手は質問に対する答えだけでなく、受け答えも見ている。

36 根回しと考えずに、事前ヒアリングと考える

調整・交渉

　会議で何か承認を取りつけたい場合、みなさんは事前の根回しをしたことがあるでしょうか。

　根回しというと、会議の結論を前もって偉い人に進言して合意を取っておくズルイやり方といったイメージがあるかもしれません。

　私は正々堂々と会議の場で説明して承認をもらうんだと思う意気込みはすばらしいと思います。

　しかし、うまく会議で決済をもらえる人は、必要に応じてしっかりと事前の根回しをしています。根回しという表現が好きでないならば、事前ヒアリングと考えてもいいかもしれません。

　なぜそれが必要なのかというと理由が2つあるんです。

　1つめは、会議の場の説明だけでは判断に足る理解が得られないということです。

　自分としては深く考えた提案内容なので、それで伝わるはずだと思ってしまうかもしれませんが、話を聞く側の立場になると、会議の10分から20分程度の説明ではしっかりと理解できないこともあります。

　特に役員クラスが大きなプロジェクトの決済をする場合など、与えられた時間では全てを理解することは到底不可能というケースもあるでしょう。責任が大きくなるにつれて、自分の理解できないものはＧＯを出しづらくなってくるものです。

　つまり、提案内容がダメではないけれど、ちょっとわからない部分もある気がするので、もう少し考えてみてと再考の指示をしてしまう場合があるのです。

　2つめは、承認側としても自分の意見を反映したプランにＧＯを出し

たいという思いがあります。

　誰かがつくった企画をそのまま承認するだけでは自分がいる価値がないと考えてしまうのです。何か気の利いたアドバイスでもしておかないと単なる御前会議になってしまうという思いがあるものです。

　つまり、この２つを解決するには会議時間だけでは短すぎるのです。

　だから、個別に会議で提案する企画の概要を事前に重要人物に「アドバイスをいただけますでしょうか」と相談しに出かけましょう。

　決して、「この案でいきたいのでよろしくお願いします」と言ってはいけません。相手に指摘してもらい、修正を加えられるスキを少しつくっておきましょう。

　そうして、何かしらのアドバイスを得て、しっかり対応したプランを会議で提案すれば必ずその人は賛成してくれます。

　人は相談されると助けたくなるものです。自分を頼りにしていると思うと多少プランに粗が見えても、賛成しようと思うものです。

　根回しも目的意識を持っていれば進めるための一つの手段です。常にする必要はありませんが、ここは会議のなかだけでは決まらないなと思ったら事前のヒアリングをしてみてください。

ポイント

前もって相談されると、協力したくなる。

37 説明が下手でも自分が信じていることは必ず伝わる

調整・交渉

　あなたが今、相手に伝えようとしていることは本当に現段階で考えることができる一番よい方法だと思っているでしょうか。

　上司にそう言われ、なんとなく合っている気がするので、これまでのやり方がそうだったので、そのような話で人の心が動かせるはずがありません。

　人の話を聞いていると、その人が本当にそう思っているのか、心から信じているのかはすぐにわかります。

　徹底的に考え抜いて今の説明になったのか、だいたいこれくらいで合っているだろうと適当に考えたものかもわかります。

　それは、話し方のテクニックやアナウンサーのように流暢に話せるかとは別の次元で感じるものです。

　例えばプレゼンテーションの研修をしていても、すごく話すのがうまい人がたまに混ざっていることがあります。本当に流れるように話していきます。

　ところが、本気で思っていないことはやっぱり心に響きません。逆に上手すぎると聞き手は騙されまいと構えてしまいます。

　一方、同じ研修の参加者でも、どちらかというと年配で話し方も上手でなく、タドタドしい話し方をする人も1割くらいはいるものです。ところがその人がとても眼をキラキラさせて、多少つまりながらも熱心に話す姿を見るとやはり心に響きます。本当にそうなんだなとわかります。

　みなさんが、誰かに伝えようとしていること、お願いしようとしていることは現段階でのベスト案でしょうか?

　もちろん、限られた時間のなかですることですから、なんらかの前提

条件はあるでしょう。それでも誰かに言われたまま、たいして自分で考えずに話した内容では人が動いてくれるはずはありません。

　私は上司の言われたとおりに話しているんですがと言い訳されても、動かないものは動きません。**そういう意味では話す前に8割がたの勝負はついています。**まずは徹底的に考えて、何か忘れている視点はないのか、突っ込まれる部分はないのか、自分も相手もトータルで考えればこれが一番よい選択だと言い切れるのか。理屈だけでなく、相手の感情やプライドにも配慮したうえで、ベストな方法だと言い切れるのか。

　そのことを自分に問うてみましょう。その答えがYESであるならば、必ず話は伝わります。

> ポイント
>
> **ホントにそれが現時点のベストの案か、自分に問うてから説明にのぞもう。**

38 会議・打ち合わせのコミュニケーション（参加者に求められるスキルとは）

会議

　オフィシャルな会議に限らず、部や課のミーティングやプロジェクトの打ち合わせ、お客さんとの商談など、仕事に会議はつきものです。ここからは「**③会議での発言と進行**」についてみていきましょう。

　1日に1回なんらかの会議もしくは打ち合わせがあるとして、週5日で1年間働くと200回以上はみなさんも会議に参加しているはずです。

　本当はちょっとコツを知っているだけで、かける時間が3分の1になるのに、会社のなかで非常に多くの時間を割いている会議のやり方を知らずに毎日会議に出ているとしたら、非常に効率の悪い仕事人生を過ごしていることになります。

　会議の参加者はみなさんより年配の人も多いでしょうから、若い人にとっては会議をうまく進める理屈を知っていても、どうにも対処できない場合があるのも事実です。

　何かよいアイデアを思いついても「これって今、発言していいのかな」と思ったり、「いつまでダラダラ続くんだ、もう結論は出ているじゃないか」と思っても、なかなかそのことを言えないなんてこともあるでしょう。

　そうした、不健全な会議に参加していると、会議自体が生産的ではありませんし、みなさん自身の精神衛生上もマイナスになるでしょう。

　こういった問題を解消するテクニックとして、会議の進行役が何をするのかというスキルが存在します。会議の進行をすることをファシリテーションといい、その進行役をファシリテーターと言います。会議はこの進行役の力量に大きく左右されるのが実情です。

　みなさんが参加している会議では、進行役の人はうまく会議を進めて

いるでしょうか。もし、そうだとするとその人がうまく進められるコツはどこにあるのでしょうか？ 逆にうまく進められていないとすれば、何が足りないのでしょうか。このあたりを考えていくとどのように会議を進めればいいのかが見えてきます。

一方、**若いうちは、会議の進行役ではなくて、参加者としての価値が求められます**。参加者が何をするのかと言うともちろん発言をすることがメインになりますが、うまく発言するのは難しいものです。

ここからは会議の参加者として進行役を助けながら自分の役割を果たすためのコツについて見ていきます。

みなさんはまだ、会議の進行をすることは少ないかもしれませんが、一部、ファシリテーターとして必要なスキルも紹介したいと思います。

会議の基本テクニックを知って生産的な会議を手に入れてください。

ポイント

進行役を助ける参加者になろう。

39 発散と収束を分けて行う

会議

　みなさんは、会議の「**発散**」と「**収束**」という言葉を聞いたことがあるでしょうか。私の研修の参加者に聞いてみると1〜2割くらいの人が知っている言葉ですが、非常に大切な概念です。

　p54で、何か問題について考えるときには「選択肢を出してから、評価して決める」という方法がいいと説明しましたが、会議もまったく同じことがいえます。

　発散というのは**意見を言って選択肢をたくさん出すという行為**です。**収束**というのは**出された意見を評価しながら取捨選択して選んでいく行為**のことです。

　会議ではこの発散、収束を分けて行うほうがいいと言われていますが、そのことを知らない人は発散と収束をゴチャゴチャにしてしまいます。

　会議での発言は主に2種類あります。ひとつは情報、ひとつはアイデアです。情報は過去のこと、すでにわかっている事実です。これを言っても否定はされません。アイデアは未来のこと、まだ不確定な解決策の意見です。

　未来を変えていくためのアイデアには、おのずとメリットとデメリットが含まれています。効果のありそうな取り組みであれば、コストがかかりそうとか、時間がかかりそうとか。逆にすぐできる取り組みであれば、あまり効果がないのではとか、本質的な解決にならないとか。

　全ての意見、アイデアにはデメリットが内包されているものなのに、それを1つひとつ見つけて批判していけば、大抵のアイデアはその場で潰されてしまいます。

　だから、まずは発散します。多少の問題点やデメリットがあったとし

てもまずは全て拾い出してみましょう。どれくらいの数が出るでしょうか。多くの場合10〜30個くらいでしょう。

若手は先輩や上司より早く発言するほうがいいでしょう。自分より上の人に先に意見を出されてしまうと反対意見はなかなか出しにくいものです。

ある程度アイデアが出尽くしたなと思ったら、今度は収束に移ります。出されたアイデアの中から、よさそうなモノを評価しながら絞り込んで（状況によってはアイデアを組み合わせながら）練り上げていきます。そうすればずいぶんと会議はスムーズにいくのです。

ところがここで、問題が残ります。会議で発散と収束を知っているのは、1〜2割の人です。残りの人は知りませんので、平気な顔をして、可能性のあるアイデアの芽を批判して摘み取っていきます。

これをやめさせるのはかなり高度なコミュニケーションテクニックが必要です。「批判はダメです」と言えばカドが立ちます。

できるだけ柔らかく「とりあえず思いついたモノを多少問題があっても出しつくしてみませんか。そうすれば組み合わせで何かいい方法が見つかるかもしれませんし」と言ってみましょう。

誰かのやり方を変えさせるのではなく、こんな方法でしてみませんかと提案することで、会議の雰囲気が変えられるかもしれません。

ポイント

発散のときは意見の批判は後回し。

40 アイデアを発言する前に批判をかわす防御を入れる

会議

　会議をしていてあれ、何のためにこの会議はあるんだっけ？　と目的を見失うことがありますが、そもそも会議の目的にはどのようなものがあるのでしょうか。

　これにはいくつかの分類方法がありますが、ここでは2種類の会議のタイプ（目的）を覚えておいてください。それは"**創造会議**"と"**定型会議**"です。

　創造会議は**ディスカッションやブレスト**などとも呼ばれます。目的は創造的なアイデアを出すことが中心です。新商品の名前を考えたり、提案の企画を考える、クレームをどのように減らすかなどを扱います。

　一方、定型会議は**情報共有が主な目的になります**。互いの持っている情報を伝え合い、全員が同じ情報を共有するための会議です。例えば、連絡会議（定例の営業ミーティングなど）や調整会議（工事の工程会議など）があるでしょう。

　役員会議などの決定が目的の会議もありますが、基本的にはどのような会議も最終的には決定することは必要なので、ここでは決定会議は定型会議に含めて考えます。

　実際に日本の役員会議は、アイデアが飛び交うディスカッションというよりも、決められた手続きで議事進行されて承認か否認かが決まるといった内容のものが多いでしょう。

　創造会議ではアイデアを言う必要があります。ところが前項でも触れたようにこれを言うには勇気がいります。中途半端なアイデアだと批判の餌食になりかねません。

　そこで、アイデアを言うときのコツですが、**想定される批判を前もっ**

て自分で言ってしまう方法があります。

　例えば「(想定される批判) 少しコストが掛かるかもしれませんが、(アイデア) 思い切って、ごっそりシステムを入れ替えてみるのはどうでしょう」とか「(想定される批判) 過去に失敗したこともあるのかもしれませんが、(アイデア) やっぱり少し思い切ったデザインにしてみるのはどうでしょう」といった言い方です。

　まわりのメンバーを見ていれば、誰がどのような批判を言いそうかは想像がつくものです。

　その批判を自分でも意識していますよというニュアンスを前置きにして、アイデアを言ってみれば、深く考えているように聞こえますので、批判はされにくいでしょう。

　もちろん、そのアイデアのあとに理由もつけてみてください。「(想定される批判) 少しコストがかかるかもしれませんが、(アイデア) 思い切って、ごっそりシステムを入れ替えてみるのはどうでしょう。(理由) 今使っているシステムはすでに10年使っていてOSのバージョンアップも対応していませんので大きなトラブルのリスクがすでにあります」とか「(想定される批判) 過去に失敗したこともあるのかもしれませんが、(アイデア) やっぱり少し思い切ったデザインにしてみるのはどうでしょう。(理由) すでに機能面やコスト面の差別化は難しいですが、まだ女性向けのかわいいデザインのモノは市場に出ていないはずです」といった言い方です。

　「**批判への防御→アイデア→理由**」の順番で厳しい攻撃をかわしながら、自分の考えを伝えていきましょう。

ポイント

欠点を理解したうえでの発言とわかるように言う。

41 定型会議では時間を意識したコンパクトな発言を

会議

「創造会議」はアイデアを出すのが主な目的ですが、「定型会議」は情報共有が主な目的です。

毎週行っている定例のミーティングなどをイメージしてもらえばいいと思いますが、メンバーが互いの業務進捗やできごとを報告しあい、チーム内でおこっていることを互いに理解しあうことが大事です。

発表者側の難しさは**報告者が多いために、自分の持ち時間がどの程度になるのかがよくわからない**ということです。

はじめの人はゆっくり報告できるのですが、最後のほうになると時間が足りなくなり、1週間にあったできごとを1分で話さなければいけないということがよくあります。

仮に会議が1時間として、参加者が10人いるとすれば、1人あたりの報告時間は単純計算でも6分です。実際には報告のあとに、質問や上司からの指示が来るはずなので、本当の報告時間は2〜3分というのがいいところでしょう。

みなさんは、2〜3分でどの程度の情報が話せるかイメージできるでしょうか。ほとんどの人が時間を気にせずダラダラ報告しています。

私の感覚では報告時間が3分を過ぎる頃から、聞き手は内容に飽きはじめて、5分を過ぎるといつまで話しているんだという雰囲気が漂い始めます。

自分が報告者であるならば内容はコンパクトに話すということを心がけてください。

また会議での報告の場合、単に**上司向けに話をするのではなく、ほかの参加者にも有用だと思える内容を盛り込む**ようにしましょう。

定型会議を見ていると、上司だけは熱心に話を聞いていますが、発言者以外の参加者はつまらない表情をしながら自分の順番を待っているだけという会議をよく目にします。

　このことはすでに上司は知っているなと思っても、ほかの参加者が知らない有益な情報であれば、「課長はご存知ですが、実はこんなことがありまして」と現場感のある情報を参加者に提供しようという意識を持ちましょう。

　会議の報告もP116のテクニックを使えばよく、うまくいっている部分は状況報告のあとに目標に届きそうか、うまくいっていない部分は状況のあとに原因と自分が考えている解決策を話して、上司の指示を仰ぐようにします。

ポイント

自分の発言の時間感覚をもとう。

42 会議の時間コントロール

会議

　本来であれば、会議の進行役が時間のコントロールをするべきです。しかし、**進行役は時間より内容がしっかり終わったかに意識がいき、参加者は内容より時間に意識がいくものです。** そのズレを解消できずに会議は今日もダラダラとして終わりません。

　会議が時間内に終わらない主な原因は2点あります。

　1つめは、会議のなかでいくつ報告事項があり、そのそれぞれにどれくらいの時間を使うかが誰も把握できていないということです。これは、会議の冒頭に議題がいくつあるかを拾い出し、それぞれの見込み時間を確認するだけでずいぶんと解消できるはずです。もし自分が進行役をしているのであれば、**ホワイトボードに議題と見込み時間を参加者に聞いて書き出して、順番を決めて進めましょう。**

　「会議の地図をつくる」と私は呼んでいますが、参加者がどのような会議という旅を進むのかを事前に共有することが遅延解消の第一歩です。

　ところが自分が進行役をしていない場合はなかなか議題を書き出しましょうとは言いにくいでしょう。なので、ざっくりとでいいので、だいたいの流れがどうなりそうか会議の参加者に問題提起してみましょう。

　例えば「すみません、私は○○○商事のトラブルの件で10分くらい報告時間をいただきたいのですが、今日の会議の流れはどうなりそうですか？」と質問を投げてみます。

　誰も答えなければ「たぶん、課長のほうから業績報告が10分くらい、いつもの週次報告が20分くらいで、そのあと来週のイベント準備の段取り調整が20分くらいでしょうか？　それで時間が余れば私の報告も入れてよいですか？　そのほかに何かありませんか？」となんとなく会

議の流れの合意形成を作ってみましょう。

2つめは、定型会議（報告会議など）で誰かがトラブルについて報告したときに、その**トラブルの解決策をみんなで議論する創造会議にスイッチするのか、トラブルは後で個別議論にして報告を進めるのかが曖昧になる**ことです。

問題を抱えている人はその場で議論して欲しいと思うでしょうが、他の参加者は自分の報告内容もあるし、時間がかかるので意見を言うのを控えたほうがよいと考えがちです。

そんなシーンに遭遇したら「その問題点は今議論しますか？　あとで個別に議論します？」と確認しましょう。

これも自分が進行役をしていないと言いにくいセリフですが、さりげなくリーダーシップを発揮できるといいですね。

また、ちょっとしたことですが、腕時計は外して机の上におきましょう。時間を意識することは大切ですが、腕時計を見るしぐさは、早く終われというメッセージを伝えます。資料の横に時計を置けばさりげなく時間を確認できます。

時間が押してきたら「あ、もう30分も過ぎていますね、ちょっと急がないといけないですね」とメンバーのギアチェンジを促しましょう。

自分で議題を終わらせるのが悪いと思っている人もいるものです。いつまでも同じ議題をダラダラ話しているなと思ったら、「そろそろ、次の議題にいきませんか」と促してください。

ポイント

腕時計を外して、見ながら時間を意識する。

43 若手の「べき論」は聞き苦しい

会議

　責任感の強い人ほど、相手にもこうするべきという"義務"を果たしてほしいと思うものかもしれません。
　ところがその人が発言をしたあとに、変な空気になることがあります。

　先輩「やっぱり丁寧に時間をかけて訪問することによるお客さんとの信頼関係づくりは営業には重要なんだよね」
　若手「でも、やっぱり１日８件のお客さんを訪問するためには見込みの低いお客さんかどうか取捨選択して絶対効率化するべきですよ」
　先輩「……」

　まわりに流されずに自分の意見がしっかり言えることは大切ですが、そのことにより誰かの気分を害しては建設的な議論になっていきません。
　人は発言をするときに「正しい」か「正しくないか」で判断しがちです。ところが、**会議の発言をうまくするためには配慮する点が他にもあるわけです。それは相手の「メンツ」つまりプライドです。**
　そんなことを言っていたら古い企業体質は変わりませんよと思うかもしれませんが、健全で元気な会社の会議に出てみても、反論する場合でもしっかり相手の感情に対する配慮はされているものです。
　特に若手の「べき論」は聞いていて、うーん意味はわかるけど思慮が浅いなあと思ってしまいます。大抵の場合は、**べき論のあとの具体策がない**わけです。
　「しっかりと管理項目は入力するべきですよ」「お客さま一人ひとりに合った提案をするべきですよ」といった非常に抽象度の高い発言になって

しまいます。

　ではどうしたらいいかと言いますと２つの方法があります。

　①べき論を理想の姿に言い換える

　②べき論に方法論を加える

　１つめのべき論を理想の姿に変える方法ですが、「しっかりと管理項目は入力するべきですよ」→「しっかりと管理項目を入力するのが理想ですよね」、「お客さま一人ひとりに合った提案をするべきですよ」→「お客さま一人ひとりに合った提案をするのが理想ですよね」という言い方です。

「べき」は「まだできていない」という意味です。できていないことがダメだと責任を追求されていると感じる人もいるでしょう。なので、将来こうなるといいよねという言い方にして視点を未来に向ける発言をしてみます。そうすれば誰も非難された気分にならずにすむわけです。

　２つめの方法は、べき論のあとに方法論を加えるやり方です。

　やるべきだけどできていないことはうまいやり方がないからです。「しっかりと管理項目は入力するべきですよ。（方法論）今持っているスマホに専用アプリケーションをダウンロードすれば誰でも３分で外出中に入力できますよ」とか「お客さま一人ひとりに合った提案をするべきですよ。（方法論）そのためには、お客さまのオフィスを目視で確認して、こんなことに困っていませんかと聞いてみればいいはずです」このような言い方です。

ポイント

「正論」・「義務」では人は動かない。

44 言いにくいことは質問の形で意見を言う

会議

　会議で発言をするときには、自分の発言が正しいかという論理的なチェックと、誰かを傷つけるような発言や責任を押しつけるような発言になっていないかという感情的なチェックが必要になります。

　例えば、「ベテラン社員も最低限のパソコンのデータ入力作業は自分でやるほうがよい」とあなたは考えていたとしましょう。

　ところが、社長をはじめ会議の参加者には結構年配の人もいて、彼らは、ほとんどパソコンは使えないとします。

　しかし、全員が入力作業を覚えなければ、全社のデータベースが役に立たないという状態です。データをマジメに入力している人からも不満の声が上がっています。

　このようなときに「ベテラン社員も自分でデータを入力しましょう」と声高に言ってもうまくいきません。

　確かに正論ではありますが、相手の気持ち、感情に対する配慮が不十分になってしまいます。

　とくに**自分にとっては苦もなくできることだけど、相手にとっては結構難しいと思える内容の場合に注意が必要です。**

　パソコンが得意な人の「パソコンくらいは部下に任せず自分でやるほうがいい」、英語が話せる人の「英語もこれからは話せるほうがいい」、論理的に考えることが得意な人の「仕事なんだから論理的に考えたほうがいい」、これらの発言は正論ですが、できない人にとっては「簡単に言わないでよ。それはあなたが得意だからでしょ」と思われてしまいます（逆に自分ができないことを主張する場合は勇気ある発言として受け入れられるでしょう。英語が話せない人が「英語は話せるようになるほうがい

い、会議を全て英語にしましょう」と言えばスゴイ前向きだなと思ってくれますし、あまり嫌な気分にさせません)。

　そんなときは**疑問形で自分の意見を提示してみましょう。**

「ベテラン社員も自分でデータを入れるというのはいかがでしょうか?」とか「ベテラン社員も自分でデータを入れられないでしょうかね?」という形です。

「〜です」「〜だ」というのは強い表現です。うまく使えば発言に対する自信を感じさせますが、同時に誰かを攻撃してしまう可能性もあるものです。

「〜はどうでしょうか?」「〜では問題がありますか?」という疑問で意見を言えば、提案のように聞こえます。

　２つの意見を並べて提案するという方法もあります。

「ベテラン社員も自分でデータを入れるようにするか、ベテラン社員は別の誰かに入れてもらうようにするかのどちらかですね」と言ってみます。

　この２つしか選択肢がないですよねと言うと、たしかに自分で入れるしかないかなと思えてきます。

　意見をゴリ押ししているのではなく、ＡかＢのどちらかですよね(暗に、そうなるとＡのほうがよさそうですね) と伝えるわけです。

　欧米社会では強い主張ができる人のほうが頼もしいという面もあると思いますが、日本の社会では相手に対して配慮しているなという言い方を身につけるほうが結局、自分の発言が採用されやすくなるはずです。

ポイント

質問の形でソフトに伝えよう。

45 みんなの話を整理するように発言する

基本　報連相　調整・交渉　**会議**

　会議で発言しなければいけないからといって、必ずしも自分の意見を言う必要はありません。多くの会議は話があっちに行ったり、こっちに行ったりする場合もあれば、急に深い話になって前に進まないということも出てきます。

　こういった状況を把握して前に進めていくのが会議の進行役、ファシリテーターの役割なのですが、日本の会議では、その会議の進行役が一番、議論に深く入り込んで、全体のコントロールをしないまま、自分の考えを延々と語っているというケースが見られます。

　つまり、**まわりの発言を整理して会議の流れをもとに戻す役割を買ってでると、他の参加者から重宝がられる存在になれるわけです。**

　例えば、なんの議論をしているのかわからなくなった場合は、「そもそも、なんの話でしたっけ」と言って、議論をもとに戻す質問をしてみます。「そういえばトラブルの原因を考えていましたね。ずいぶんと深い話になったので、もう一度そこから話を整理しませんか」と流れをつくる発言をしてみます。

　いろいろ意見は出るものの何が大事なポイントかよくわからないなと思うときは「何が本質なんでしょうね」と少し話の焦点を絞るような視点を提示してみましょう。

　さりげなく、一番よい意見を持っていそうな人に「小林さん、どのあたりに本質があると思います？　何か深く考えているようですけど」と水を向けてみてもよいでしょう。

　考えがある人は顔を見ていればわかります。そのなかで、話を前に進めてくれそうな人を見極めて意見を求めてもいいでしょう。

また、いろんなタイプの参加者がいますので、全員が説明がうまいというわけにはいきません。

　なかには、すごく熱心に何かを語っているのですが、一向に何を言っているのかわからない人もいます。

　そうしたときは、参加者を代表して発言のポイントを確認してみましょう。「○○さん、すみません。不勉強なので少し今の発言のポイントを理解したいのですが、おっしゃっていた主旨は、○○○○が○○○するべきだという意味でいいでしょうか？」というように解釈が間違っていないかを確認してみます。

　曖昧な発言をそのまま放置しておけば、会議はいつのまにかただの雑談の場になってしまいます。

　そして、参加者同士が対立した意見を持っているときは、感情的な対立にならないように「鈴木さんの意見は○○○、佐藤さんの意見は△△△ということですね。それぞれの長所と短所を考えてみたんですが、○○○はメリットが……、デメリットが……、一方、△△△はメリットが……、デメリットが……と解釈しましたが、そうでしょうか？」と**発言者と発言内容を切り離して、発言内容のメリット・デメリットの比較に入るような整理を心がけるといいでしょう。**

　若いうちから自分の発言を言うだけでなく、会議の場を前に進めるような発言のしかたをすることで自然とリーダーシップのスキルが身についてくるものです。

ポイント

話を整理してくれる人がいるとみんな助かる。

46 5秒で仮の答えをまずつくる

会議

　会議で意見を求められたときに、自分の考えがまだまとまっていないと、思わず「わかりません」とか「特にありません」と言ったゼロ回答をしてしまうことはないでしょうか。
　会議で意見を求められたら、なんでもよいので意見を言うように努めましょう。もちろん、ズバッと気の利いたことを言えれば最高ですが、その最高の意見を思いつくまで発言できないとなると、会議中何も言えなくなります。

　発言できない背景には、人から批判されたくないという思いや、そんなレベルの低い発言をするんだと思われるのが嫌で、何かよいことを言わなければいけないという心理が働いているはずです。
　会議でよいことを言わなければという意識が蔓延すると途端に沈黙が支配します。
　そんなときこそ若手の特権を使うべきです。若手は失敗してもかまいません。
　もう少し正確にいうと若手は失敗しても当たり前だとまわりの先輩は思っています。そのなかでも積極的に発言する人と、発言を恐れて何も言わない人だと、やっぱり発言する人が評価されます。
　その内容が30点だとしても、何も言えない人は0点です。そして、その30点の発言を聞けば、ほかの人もこの程度の発言で言っていいのであれば自分の意見も言えるかなと「よいことを言わなければいけない病」を治すはたらきもあるでしょう。
　そうした捨て身の発言ができる後輩を先輩は絶対可愛がってくれます。

カラオケのトップバッターはうまい歌を歌うより、多少ヘタなほうがいいのと同じです。私は歌がヘタなんでと言って歌わない人になるのは避けましょう。

ただし、それなりのトレーニングも必要です。
自分だったら、前の発言に対して、どう意見を加えるかを常に考えながら会議に参加します。
　　そもそも**当てられてから発言を考えるようでは遅い**のです。
状況に合わせて、自分の意見の現在地を動かし続けます。
そして、いざ発言の機会が与えられたなら5秒で言うことを取捨選択して、その発言が何点かはあまり気にせずに発言しましょう。
発言の長さは短めに、できれば30秒から1分くらいでパパッと言って終わります。
そのあと聞き手の表情を見れば自分の発言が何点だったかはわかります。感心していれば80点以上、そんな視点もあるかなであれば60点、意見自体は当たり前だけどなるほどそんなことを言えばいいのかという状態になれば40点といった感じでしょう。
冴えた意見を言おうとせずに、みんなを焚きつける役割になりましょう。そしてみんなが話し出したらしばらく聞き役にまわります。

> ポイント

発言する人が少ない会議では、発言するだけで認められる。

47 空気は読むが、たまにワザと無視して話す

会議

　日本では、場の空気を読むということが社会人スキルの1つのようになっている感があります。

　とくに会議はかなり空気が支配する場です。

　自由に発言できそうな空気と発言しにくい重苦しい空気。もう結論を出していいんじゃないという空気とまだ議論が必要だという空気。激しく対立した空気と穏やかに仲よく話せる空気など。

　空気とは、多数派の人がこう思っているという考え方の比率で決まります。若いうちは空気を感じてもそれを変えたりすることは難しいかもしれません。

　人によっては「空気を読むな」というアドバイスをする人もいますが、私は空気を読んだうえで、空気に合わせた発言をするか、わざと外した発言をするかを考えて話すというスタンスがいいと思います。

　いつも、空気を無視した意見ばかり言う人だと、まわりの人は警戒します。「あの人はいつも話をひっくり返すのが好きなんだよ」「どうでもいい話題は適当に流せばいいのに」などとマイナスイメージを与えてしまいます。

　ところが、いつも空気を読んでその空気にあった発言しかしないとなると、「あの人は人に合わせるのが上手い」とか、「単なるお人よし」とか、「自分の考えがないんだよ」などといった評価になってしまいます。

　つまり、大切なことは、この今感じている空気を維持したほうがいいのか、あえて無視して壊していくのか判断して発言するということです。

　会議では、議論が浅いと思えても、なんとなく1つの方向に話がまとまりそうなときに、多くの参加者は「ちょっと待ってください。まだ議

論が不十分だと思います」とは言いにくいものです。

このうまくいっている雰囲気を自ら壊してはいけないと思うからです。

そんなときに少し具体的に「たしかに、その進め方で大枠いいと思いますが、スケジュールが詰まっていませんし、担当となる人選も見えていないので、そこを検討してから決めたほうがいいのではないでしょうか」と問題提起をする勇気を持ちましょう。

その場のなかには、そういった意見に対して面倒なヤツと思う人もいるかもしれませんが、**多くの人は「よくぞ言ってくれた！」と心のなかで拍手喝采していることでしょう。**

発言を柔らかくする前置きとしては「あえて反対の意見を言ってみますが」とか「いい流れになっているので、そのまま進めたいと思っているのですが、少し疑問に思ったもので」などと前置きしてから、空気を壊す発言を言ってみるといいでしょう。

自分の意見を突破口にして、短絡的に結論を出そうとする空気が変わるかもしれません。

また状況によっては**あえて、その場の空気自体を言葉にして伝えてみる**ということもいいでしょう。「何か気を使って言いにくい空気になっています？」とか「まだ先に進めるのは早いという空気ですか？」など、空気を言語化して確認すると、まるで閉め切った窓を開け放つように、空気がかき混ぜられて健全な状態に戻ることがよくあります。

> ポイント
>
> **時には空気を言葉にしてみよう。**

48 的外れな発言をすると信頼度が下がる

会議

みなさんの会社には、いつも的外れな発言をして上司に怒られている人はいないでしょうか。

部下「たしか、○○○社も△△事業に力を入れているらしいです」
上司「その話が今の議論にどうつながるんだ？」
部下「例えば、デザインを変えてもいいかもしれませんね」
上司「今は機能面の話をしているんだよ」

ここまで、「5秒でとりあえずの答えを言いましょう」とか、「空気を外した発言をしましょう」というアドバイスをしましたが、**だからといって「的外れな発言」をしていいわけではありません。**
しっかり議論の流れは理解して、その場に合った発言をする意識を持ちましょう。

では、具体的にどうすればいいのかというと、**会議の"論点"を常に追いかけるということが大切です。**今何を議論しているのか？　これに合わない発言は全て的外れなコメントになります。

例えば、「残業が増えている原因は何か？」という論点であれば「7時に電気を消せばいいのではないでしょうか」という発言は的外れです。

残業増加の原因について発言しているのに、残業を減らす解決策を発言しているからです。

会議の標準的な流れを知っておけば、ずいぶんと的を射た発言ができるようになるでしょう。基本的な問題解決の場合であれば「**問題の明確化（何が問題か？、どのような問題があるか？）**」→「**原因の究明（何が**

原因でそのような問題が起こっているのか？）」→「解決策の抽出（原因を解消する解決策にはどのようなものがあるか？）」となっていきます。そしてそれぞれに発散と収束もあるはずです。

　論点とは「テーマ（例えば残業やクレーム）＋不明点（問題は何か？　原因は何か？　解決策は何か？）」です。

　的外れな発言をしないコツは、自分で論点を復唱することです。発言をするときに「（論点）残業が増えている原因ですが、（意見）提案に時間をかけてでもいろいろ盛り込もうという意識が強すぎるのかもしれません」と言えば、その場にあった発言ができます。

　ただ、ふっと思いついた考えが、今の論点とは合わないと思いつつも、ぜひ発言したい場合には、「少し今議論していることとは外れて申し訳ありませんが」と前置きをして言ってみるといいでしょう。

　ずれていることを本人が自覚して発言しているのであればまわりの人も不快に思わないでしょう。

ポイント

今の論点を確認してから発言する。

49 板書すると会議の時間は三分の一になる

基本　報連相　説得・交渉　会議

みなさんの会社では会議で誰かがホワイトボードの板書をしているでしょうか。もし、やっていないとしたらぜひ試してください。

それだけで会議の時間は3分の1になります。

なぜかというと人間はそれほどたくさんのことを覚えていられないからです。p98でも人が記憶できる情報は7±2だという話をしましたが、もうひとつ面白い実験結果をご紹介しましょう。

エビングハウスの忘却曲線というものですが、人は20分経つと42%のことを忘れ、1時間たつと56%のことを忘れてしまうということです。

会議で無数の発言が出ていますが、その内容は時間とともに20分で4割、1時間たつと6割近くが忘れ去られているわけです。

つまり書くことによって発言を忘れることなく議論ができます。

そのほかにも板書をするメリットはたくさんあります。

発言が書かれているので同じような意見がくり返し出ません。

書いてある文字は誤解を生みにくいです（言った、言わないの言い合いにならない）。

そして書いてある文字を見ながら次のことを考えられます（例えば原因のリストを見ながら解決策を考えられます）。

書くメリットはとてもたくさんあります。

さてここでクイズです。本を閉じて「書くことのメリット」を全て思い出してください。

今読んだばかりの文章です。いくつ書くメリットがありましたか？

4つありました。（①忘れない、②同じ意見が出ない、③誤解を生みにくい、④文字を見ながら次のことを考えられる）

どうですか？　大抵は2つくらいしか思い出せません。つまりふだん板書をしないとこのような非効率な会議をしているわけです。

ところがホワイトボードの前に立つにはそれなりに勇気がいります。

自分の字はあまりきれいじゃないとか、**発言のポイントをうまく書き取れるかな**といったことが主な不安でしょう。

なので、板書をするときは「汚い字ですみませんが、急いで書くので何を書いているかわからなければ言ってください」と言ってみてください。それだけでずいぶんと気持ちが楽になります。

また、漢字がわからなければカタカナを混ぜて書いてもOKです。事前に画数の多い知っている漢字もカタカナを混ぜて書けば、スピードアップのためにカタカナを混ぜているんだなと参加者は思ってくれるでしょう。

発言のどこを書けばいいのかわからないときは、直感でいいのでココが大事かなと思った部分を書いてみて、発言者にこれでいいですかと聞いてみましょう。何を言っているかわからないダラダラした発言は本人ですらポイントがわからなくなっているものです。

これらのコツを知っているだけでもずいぶんと板書は楽になるでしょう。

ただし板書役を買ってでるのはかなり勇気のいることです。

なので、始めは同年代の気軽な打ち合わせで試してみるといいでしょう。どの程度のスピードでどの程度の発言を書き留められるかの感覚をつかめばホワイトボードの前に立つのが恐くなくなります。

ポイント

気軽な仲間の打ち合わせから、板書を試そう。

50 議事録をどうとるかははじめに決める

会議や打ち合せの議事録をみなさんはとっているでしょうか？

当たり前の話ですが、会議で議事録をとるかとらないかは、はじめに決める必要があります。

ところが「議事録をとりますか？」と聞くと「じゃあとってくれる？」と言われるので、やっぱり聞くのをやめようと考えてしまうわけです。

今回は議事録をとったほうがいいのになと思いながらも、誰も記録を残さない会議が進んでいく。この話、前回の会議でも出ていなかったっけ？ そのことを指摘するのも気が引けるな。こんな悪循環になっていきます。

議事録をとるべき会議、とらなくてもいい会議という風に分けて考えるから迷うわけです。全てとるつもりで会議にのぞみましょう。

議事録は要約力をつける非常によいトレーニングになります。

会議の流れをつかみ、短い言葉で重要な発言ができる素地ができていきます。

全て、事前に「自分が議事録をとります！」と宣言しなくてもいいかもしれませんが、**基本的に会議が始まったらノートを開き、何も言われなくても議事録をとるようにしていきましょう。**

議事録をワードやエクセルでつくる会社が多いようですが、私はメールに文章を直打ちすることをお勧めしてます。議事録が添付されたメールが来ても、そのとき忙しいと、添付資料を開かずにそのまま忘れてしまいます。

メールに直接文字が書いてあると、開いたときに、ささっと読んでくれる確率が高まります。

オフィシャルなデータを残したい場合はワードやエクセルでつくり、参加者の備忘録程度の目的ならメールの直打ちでつくる。
　そんなメリハリを持てばいいでしょう。
　また、**会議の内容が報告や調整中心の定型会議なら、ノートにメモをとって会議後に打ち直すのではなく、そのままパソコンで議事録をつくることにもトライしてみることをお勧めします。**
　会議が終わった直後に参加者のアドレスを入力して、すぐメールすることができ、とても効率的です。
　また、アイデアを出すディスカッションつまり創造会議だとすれば、わざわざ議事録をつくるというよりは板書したホワイトボードをデジタルカメラで撮って、そのままメールに添付すれば十分です。
　議事録の作成ひとつであっても目的意識をもってやってみましょう。
　議事録がスムーズにとれるとホワイトボードの前に立って板書しながら会議を進行することもできるようになります。

ポイント

指示されなくても、自主的に議事録をとる。

51 結論の出し方は4種類

基本 / 報連相 / 調整・交渉 / **会議**

　会議でいろいろ意見は出るのですが、話がまとまらないときがあります。話が四方八方にいきつつも、なんだか出てくる発言が似たような内容になってきたなと思ったら、会議を収束に向かわせましょう。
　「一通り発言は出た気がしますが、今決めておくことは何と何ですかね？」と参加者に確認します。
　どの打ち手を実行するのか、スケジュールや担当をどうするのか、具体的な作業項目まで今決めるのかなど、単に決めるといってもさまざまな物事の大小レベルがあるものです。

　ここで知っておいて欲しいのは会議の結論の出しかたのコツです。
　それは会議の結論の出しかたはたった4種類しかないということです。
　1つめは多数決です。複数の選択肢のなかから全員に手をあげてもらい一番票が多い案で決めるというものです。複数の人の直感に頼るという意味において決まった後に反対意見は出にくいのですが、少数派の意見を排除してしまうというのが欠点です。
　2つめは決裁者が独断で決めるというやり方。議論はするが、決めるのは責任者という方法もわかりやすく明確です。ただ、その責任者が優柔不断だったり、逆にみんなから信頼されていない人だと決まった内容がうまく実行に移されないというリスクもあるでしょう。
　3つめは出された選択肢を評価して決めるというやり方です。そもそも決めるという行為は選択肢の中から評価項目を決めて決めるという作業になります。例えば、提案コンペでA案、B案、C案とある中から1つを選ぶ場合、「新規性」と「実績」と「コスト」の3つの評価項目で判

断して決めようとなると選ぶという行為がずいぶん合理的にできるようになります。

そこまでしなくても、A案、B案、C案それぞれのメリットとデメリットをホワイトボードに書き出してから、最後は多数決で決めるというのでもいいでしょう。

4つめは全員一致まで議論して決めるという方法です。例えばA案、B案、C案あったとして、議論して、議論して、議論して、最終的に全員がA案が一番いいと思ったら、その瞬間にA案に決まるでしょう。決まらないのは誰かがほかの案のほうがいいと思っているわけです。

本来であれば全員合意で決めるのが一番いいとは思いつつ、時間がかかりすぎるのが難点です。

つまり会議で結論が出ないときは、「どうやって決めましょうか」と参加者に聞いてみましょう。「多数決でいきます？　それともちょっとメリット・デメリットを比較してみますか？」などと決める方法の合意を先にとってみてください。

外国人から見ると日本の会議はなかなか決まらない。ノラリクラリと結論を先延ばしして、何が決まったのかよくわからないと言われます。

この悪しき文化を断ち切る方法は、「何を決めるのかを決める」「決め方を決める」の2つから取り組んでみてください。

ポイント

決め方が決まっていないからなかなか決まらない。

Column

「すみません」を「ありがとうございます」に変換する

　エレベーターの乗り降りのときにボタンを押して他の人が出るのを待っていてくれる人がいます。

　そういう人に、多くの人は「すみません」と声をかけますが、「ありがとうございます」と声をかけるようにしてみましょう。「すみません」と言うときも心の中では感謝の気持ちを表わしたいのだと思いますが、すみませんはお詫びの言葉です。

　外国人から日本人は謝ってばかりいるというのはこの「すみません（I'm sorry.）」という言葉のせいでしょう。「ありがとうございます」と言えば誰がどう聞いても感謝の言葉です。自分だったら、何か善意を人にしたときに、相手からお詫びの言葉と感謝の言葉どちらを聞きたいですか？

　コピーをとってもらったとき、席を譲ってもらったとき、仕事を手伝ってもらったとき、もちろん感謝の気持ちだけでなく、感謝の言葉で伝えましょう。「すみません」「申し訳ない」「悪かったね」でも、もちろん何が言いたいのかはわかりますが「ありがとう」「助かりました」と素直に言えるといいですね。そうすれば相手も喜んで、またあなたのために協力しようと思うのではないでしょうか。

　レストランから出るときも「ごちそうさま」だけではなく「美味しかったです」と一声そえると店員さんはとてもうれしそうな顔をします。

　相手がどうすれば喜んでくれるかを考えながらコミュニケーションをとっていけば、おのずとまわりといい関係を築けるでしょう。

第4章

成長するための
コミュニケーション

コミュニケーションの能力は入社したときはさほど差がなくても、心がけ次第で数年後に大きな違いが生まれているものです。
ここでは他人から知識や技術をどのように吸収すればいいかについて考えていきましょう。

1 「教わってないんです」ではなく「不勉強ではずかしい」と考える

　経験のない仕事を与えられたときに「やり方を教えてもらってないんです」と言い訳する言葉を耳にすることがあります。

　上司は「会社は学校じゃないんだよ」と思っているはずです。

　もちろん、上司には部下を育成する責任があります。しかしそれは必要な知識を全部、伝えることではありません。

　学校ではカリキュラムがあって教科書の順番に教えてくれるかもしれませんが、仕事はどの順番で来るかわかりません。

　初めてする仕事を通して、新しい知識を覚えていく必要があるわけです。

　みなさんは、会社で必要な知識のうち何パーセントくらいを持っていると思いますか？

　ほんの数パーセント。ひょっとしたら1％のことも知らないと思うでしょう。しかしこれは10年経った先輩でも同じことです。

　知れば知るほど知らないことが出てきます。山ほど知らないことがあるなかで、毎日自分で学び取りながら仕事を進めているわけです。

　会社に入ってはじめのうちは、営業であれば見積もりのつくり方や名刺交換の方法を、開発であれば、商品知識や図面の書き方くらいは教えてくれるでしょう。

　はじめに教えてくれることは、それができないと何も動けないからです。そして自分で最低限動けるようになったあとは自分で動いて学んでいくのが仕事です。

　学ぶときに注意してほしいことは、**まず調べる、そして考える。それでも、わからなけば上司や先輩に聞く**という順番です。

以前、新入社員から「ちょっと漢字を教えてもらっていいですか？」と聞きに来られて呆れたことがあります。
　自分なりに調べて、考えれば、かなりの部分が解消されるはずです。

　一昔前は、仕事は見て盗むものだなんて言っていましたが、今では聞けば大抵の人は教えてくれます。
　また上司にしても、まずは自分で調べて、考えて、それでもわからないので教えてくださいと言うと、教えがいがあるものです。
　部下が四苦八苦した難問を上司がササッと伝えて「なるほど、そういうことか」と部下が気づく瞬間は上司にとってもうれしいものです。

　「教えてもらっていないんですよ」という言い方を、このように言い換えるクセをつけましょう。「不勉強ではずかしいかぎりです」。
　教えてもらうというのは受け身な姿勢です。必要な情報をインプットしてくれないと動けませんよという人に誰も仕事を頼みません。
　自ら学ぶことに貪欲な人はまわりの人も信頼して仕事を頼めます。
　学校での勉強は就職や大学に入るための辛いものだったかもしれませんが、社会人の勉強は自らを成長させる楽しいものです。
　上に立つ人はほぼ間違いなく勉強家です。自分で積極的に新しいことを学ぼうと常にしています。
　知ることを楽しむスタンスになれば、知らないことがあればワクワクします。そうすれば教わっていないという考え方が自然となくなっていくのに気がつきます。

ポイント

常に勉強。自分から。

2 しっかり考えのある人を会社は放っておかない

　なんでこんな単純な仕事ばっかりさせられるんだろう。もうちょっとやりがいのある仕事がしたいなあ。
　誰でも一度は思ったことがあるのではないでしょうか。
　会社に入ったら、企画や提案などの頭を使ったクリエイティブな仕事をしたいと思っている人は多いと思いますが、実際に働いてみた感覚としては、会社全体でも創造的な仕事は２割程度で、残りの８割は単純な作業のくり返しという感覚の人が多いと思います。
　ところが、この８割の単純な仕事のなかには改善点があふれています。
　例えば単純なコピー作業でも、やり方を改善すれば今の半分くらいの時間でできるかもしれませんし、伝票入力でも打ち方を変えれば３割アップで仕事がはかどるかもしれません。
　そのような改善の余地があらゆる仕事のなかに潜んでいるでしょう。
　つまらない仕事は、どうすれば速くできるかを考えるゲームです。
　常にどうすればよりよくできるかと考えれば、これはもう創造的な仕事です。
　そして、**その姿勢を上司は見ています。単純作業をしている姿を見て、誰に本当にクリエイティブな仕事を任せるべきかを品定めしています。**
　創造的な仕事を、創造的なことを考えるのが苦手な人に任せるときほど、悲惨なことはありません。まったく頭が働かず思考停止になってしまい、１週間経っても１ヶ月経っても、ありきたりなアイデアしか出てきません。
　そのような人には創造的な仕事は任せられないのです。
　クリエイティブな仕事をしたいんですと言っていたので、ちょっと考

える仕事を与えたら、10分もしないうちに「どうしたらいいですか教えてください」と来る人がいます。

　まわりを見渡してください。新しいことを考えることが得意な人とニガテな人を見ると、圧倒的にニガテな人のほうが多いわけです。

　しっかりと自分で物事を考え、気づき、アイデアをふくらませて、それらを整理し、人に伝える。

　この一連の動作ができる人が企画のできる人です。

　そう言うと、とても難しく考えてしまうかもしれませんが、これも人真似である程度身についていくものです。

　そして、その腕を磨く場は、単純作業の改善をしながら培っていくわけです。単純作業をしながら、あいつに頼むといつも作業が速いし、工夫もしているなとなれば、そんな人を会社は放っておきません。

　他方、**いつも単純作業に愚痴をこぼしながら、無気力にやっている人にどうして上司は創造的な仕事を渡せるでしょうか。**

　究極的に言えば、どのような仕事でも、あの人がやっている仕事は面白そうだなと思える人になりたいものです。

　クロネコヤマトの宅急便をつくった、小倉昌男氏は、常にどうすればお客さんが喜ぶ物流のしくみができるかを考えていました。クール宅急便やスキー宅急便など新しい取り組みを次々と打ち出し、日本の物流を革新していきました。

　トラックで荷物を運ぶ仕事と思うと、単純な作業のように感じるでしょう。でもその中にたくさんのクリエイティブな改善のポイントがあるわけです。

ポイント

つまらない仕事をやっている姿勢を上司は見ている。

3 なりたい上司はいないもの〜ロールモデルはツギハギでつくる

　最近の若い人は、管理職になりたくないという人が増えているという話を聞くことがあります。
　社長や役員からは厳しい業績数字を担がされて、部下のトラブルの火消しに駆けずり回って、疲れてボロボロになりながら働いている。その割にはたいして給料をもらっていないイメージというのがその理由のようです。
　私自身も、そう思っていたことがあるのですが、管理職になってみるとなかなか面白いものです。
　頼まれる仕事の総量と自分のチームのメンバーの使える時間の総量を比べると、どう考えても時間が足りないなと思いつつ、どう割り振ればうまくいくかを考える仕事は、自分ひとりで何かをする仕事より、得られる満足度は大きいものです。
　また、管理職になるとさまざまな優秀な人と会話する機会も増えてきます。やりとりの質も当然高くなっていきます。
　そういった経験ができないのはもったいないことです。

　出世したくない理由のひとつに、「なりたいような上司・先輩がいないんです」というコメントもよく聞きます。
　いわゆるロールモデルがいないということです。
　みなさんが憧れるようなすばらしい先輩が近くにいると本当にいいと思いますが、それは単なるラッキーでしかありません。
　通常は、自分から見ると普通の人が大半です。かといって、一人ひとりをよく見ると自分にはない優れている部分を持っている人は、たくさ

んいます。

　あなたの理想とする究極の人は、レベルが高くてなかなかまわりにはいないかもしれません。

　しかし、その理想像に必要なスキルや仕事の姿勢の断片を持っている人はまわりに見つかるでしょう。そうした断片を探して組み合わせ、イメージする人物をつくってください。

　そのツギハギの人物像が自分の5年後、10年後が仮想ロールモデルとなるはずです。

　できれば具体的に、誰のどの部分がいいと思うのかを一度書き出してみるといいでしょう。

　A先輩の気配り力は最高だとか、B先輩のアイデア発想力はいつも群を抜いているとか、そういえば上司のしつこさはある意味粘り強さでこれは会社の中でもトップクラスだなというふうに。身につけたいスキルを拾い出します。

　近くにいる人は持っていないけど、自分としては必要だと思うスキルがあれば、社外もしくは、有名人でもいいでしょう。

　そうして自分の身につけたいスキルと、誰のレベルまで少なくとも高めたいという一覧表ができれば、あなたのロールモデルは完成です。

　そして、その人たちの仕事ぶりに触れながら学ぼうという意欲を持てば自然とツギハギロールモデルに自分が近づいていけるのを感じられるでしょう。

ポイント

なりたい理想像を書き出してから、似た人を探してみる。

4 やりがいや自己実現を仕事に求めすぎない

　配属された先の仕事をしていても、どうも自分の性格と合っていない気がする。

　今やっている仕事は本当に自分のしたい仕事なんだろうか。本当のやりがいはどこか別の場所にあるんじゃないだろうかと考えてしまう。

　そんな状態が続いていると会社を辞めるべきかもしれないと思い始めることもあるでしょう。

　たしかに明確に「これがやりたい」という強い思いがあるのであれば、転職する選択肢もあると思いますが、今の仕事が何か違う、ほかに何かあるんじゃないかという曖昧な段階で、すぐに判断するのは危険です。

　クランボルツ教授の「計画された偶発性理論」をご存知でしょうか。スタンフォード大学教授の同氏の米国での調査によれば、18歳のときになりたいと考えていた職業に現在ついている人の割合は2％だったそうです。また、キャリア形成の8割は事前に予想していない偶発的なできごとによる影響によってもたらされるものだということです。

　つまり、例えば営業になりたかったのに、偶然人事部に配属になり、それが自分にとってのステップアップになったとか、デザイナーを目指していたのに、気がつけば生産管理のプロになっていたといったことなど、他の人からの影響によって自分のキャリアの多くは形成されていくということです。

　マネージャーの立場で考えてもどの仕事を誰にしてもらうのか、どの部署に誰に異動してもらうのかは、もちろん本人の希望と合えば一番望ましいですが、その視点で決められるのはやはり2割がいいところです。

　新人配属のあとには、なぜ私があの部署に行かなければいけないのか、

自分がダメだということかと聞かれることもありますが、大抵の場合は能力がないのではなく、希望する部署から人がほしいというリクエストがなかったり、もしくは配属した先の仕事がとても厳しく、その仕事に耐えうる優秀な人材がその人だったからということも多分にあります。

そうなると、その機会を生かすも殺すも自分次第ということですが、そのときに大切なことは先のクランボルツ教授によれば5つの視点があるとのことです。

それは、

①好奇心を持つ
②努力し持続させる
③楽観的に考える
④柔軟性を持つ
⑤リスクを取る

ということです。

仕事に対する不満は「自己実現につながる仕事ができていない」と思っていたら、実は「人とのつながりに関する欲求」が満たされていないということがよくあります。

コミュニケーションは双方向の働きです。自らの努力しだいでまわりとの関係を改善することはできると思いますので、まずはその部分を満たす努力をしてみてください。

ポイント

まわりに貢献しようとすれば、仕事のやりがいは見つかるもの。

5 後輩は倍速で物事を覚える

　自分が30代でしていたそれなりに高度だと思っていた仕事を、今の2～3年目の若手が平気な顔をしてやっているなと思うことがあります。
　例えば、お客さんのニーズを引き出すと言っても、当時はどのようなニーズがあるのかよくわからず四苦八苦しましたが、今ではニーズの分類表があるために、ちょっとしたトレーニングをするだけで若手でもできる仕事となっていたりします。
　眼の前の仕事だけを見ていると、難しすぎて大変だと思ったり、単調すぎていつまで続くんだろうと思うことがあるかもしれませんが、数年という時間軸で考えると、企業は新しいやり方を身につけて、どんどん効率化していくものです。
　アメリカを追いかけて日本の経済成長は進みましたが、その速度の数倍速いスピードで中国をはじめとしたアジア各国が日本に迫ってきています。
　はじめの一歩を切り開くのは難しいことですが、誰かが切り開いたあとを追いかけるのは時間が短くできるものです。
　また、教育方針もどんどん変わります。私たちが学生のころは、眠くなるような座学の講義中心でしたが、みなさんが学生のころは、自分たちで考えるような演習もたくさん入った学習方法だったかもしれません。
　そしてこれから成人する人たちは、脱ゆとり教育の世界の中で高度な論理思考やコミュニケーションスキルを学んでから、社会人になる人が増えていくでしょう。
　今後、ビジネスパーソンは大きく2つのタイプに分かれていくことが予想されます。

しっかりとした考え方を持ち、まわりの人とうまくコミュニケーションをしながら知的な仕事を進めていく「ナレッジワーカー」と、言われた仕事をただ単調にこなすだけの「オペレーター」の2種類です。

　この2つの人たちは共にオフィスにいますので、見分けはつかないかもしれません。

　また、若いうちはほとんどの人が単純作業のオペレーターからスタートしますが、上司に認められた人から少しずつナレッジワーカーになっていきます。

　みなさんの後輩は、少しずつですがベースのスキルが底上げされた形で社会人になってきます。そして、人が切り開いた道を追いつくのは、それほど難しいわけではありません。

　1～2年の間は、普通に先輩として扱ってくれるかもしれませんが、その立ち位置がどう逆転するかはわかりません。

　しかも、これからの高齢化社会、自分の人生はあと何年あるでしょうか。

　焦る必要はありませんが、早くリーダーシップを発揮して、まわりとうまく協調して、論理と感情のバランスをうまくコントロールできる人になってください。

　後輩の面倒をしっかりと見れる、上司の穴をしっかり埋められる、去年の自分に比べてステップアップできている、そう感じられる社会人生活を送れれば必ず道は開けます。

　そして、もしそのことを諦めてしまえばポストはすぐに後輩たちにいってしまうことになります。

ポイント

近い将来、ベーススキルの高い後輩が入ってくる。

6 個性を出したければ真似をしよう

　人と違うことをしたい、自分らしい役割を果たしたい、多くの人が自分しかできないことをやっていきたいという思いがあるでしょう。
　そのためには人と同じことをしていてはダメだという思いがあるのは理解できますが、オリジナリティのある人は必ず真似をしています。
　真似というと誤解があるかもしれませんが、他人からヒントを得ていると言えば受けとりやすいでしょうか。
　小学校の時になぜ伝記を読むのでしょうか。中学、高校でなぜ歴史を学ぶのでしょうか。
　そう言われれば過去から未来のあり方を学ぶ、生き方を学ぶという概念は理解できますが、自分の仕事となるとモノマネは嫌だと思う場合もあるでしょう。
　「上に立つ人はほぼ確実に勉強家です」と言いましたが、それは他の人のやり方で真似できるところは真似したいと思っているからです。
　中小企業の経営の神様と言われる株式会社武蔵野の小山昇社長は、「上手く経営するためには真似することが大切、学校ではカンニングしてはダメだが、経営ではカンニングしないとダメ、自分で考えていては上手くいかない」ということを言っています。
　芸術の世界でも、ゴッホは浮世絵の構図を参考にして自分の絵に取り入れています。漫画家の藤子不二雄は手塚治虫の模写を子どもの頃にくり返ししていました。
　こういったことから考えても、優れた人の真似をしてみるということはとても大切な心構えです。
　そうしたときに、参考にしてほしいのは社外の人の考え方を真似して

みるということです。社外に眼を向ければ自分の会社とはまったく価値観の違う会社がたくさんあることに気がつきます。

　もちろん直接会うほうがいいですが、テレビのビジネス番組を見たり、書籍を読むことからでも真似するポイントはたくさん見つかるでしょう。

　ただ、そういったメディアからの知識を得るときには少しコツが必要です。漠然と見ているだけでは、スキルを盗むことができません。

　藤子不二雄が手塚治虫の模写をしたように、この人の話し方が好きだなと思う人がいれば、後を追いかけるようにして話してみてください。

　一方、書籍から何かを知りたいと思ったときは、同時に3冊以上の本を買うことをお勧めします。

　　1冊めは「その世界で一番有名な昔からある本」
　　2冊めは「一番、簡単そうな本」
　　3冊めは「前の2冊と反対のことを言っている本」の3冊です。

　1冊めの本は、その世界の本質をとらえているはずですが、やや内容が難しい傾向にあります。2冊めの本は、内容は深くはないですが全体像を掴むのに適しています。3冊めの本は、偏った考え方に凝り固まらないための多面的な視点を身につけるためです。

　いくつかの視点から物事を学び、真似して試してみるうちに、自分に合ったスキルだけが生き残り、オリジナリティのある人材になっていくわけです。

ポイント

全て自分で創造する必要はない。

コミュニケーションにまつわる名言一覧

　ここまで本書を読んでいただきありがとうございました。私自身も若い頃はずいぶんとコミュニケーションに対する不安や苦手意識があったものですが、さまざまな言葉に気づかされ、学び、今では逆に人に教えるまでに成長できました。

　ここでは、私が感銘を受けたコミュニケーションをよくするヒントがつまった名言をいくつかご紹介したいと思います。

●神さまではないのだから、全知全能を人間に求めるのは、愚の限りである。人に求めるのも愚なら、いささかのうぬぼれにみずから心おごる姿も、また愚である。人を助けて己の仕事が成り立ち、また人に助けられて己の仕事が円滑に運んでいるのである。　松下幸之助『道をひらく』PHP研究所

●自分の心をしっかりと管理し、人格の向上に努めている人たちは、「環境は思いから生まれ出るものである」ということを熟知しています。なぜならば、すでにかれらは、環境の変化と心の状態の変化が、つねに連動していることに気づいているからです。　ジェームズ・アレン『「原因」と「結果」の法則』サンマーク出版

●あなたの前にいる「そりのあわない上司」は、あなたが幸せになるために用意された何かの学びかエッセンスかもしれないのです。　和田裕美『人生を好転させる「新・陽転思考」』ポプラ社

●「何分間お話しします」と予定時間を告げるなんて細かい、と感じられるかもしれません。ですが、こうすると、聞き手に対して心理的効果があります。事前に予定表が配られていない場合、最初に「この話は何分までです」と触れるだけで、不思議なものですが、落ち着いて聞けるようになるのです。　　池上彰『わかりやすく＜伝える＞技術』講談社

●私はいつも、「一段上の視点」をもちなさいと言っています。つまり、一般社員ならば「課長ならどう考えるか？」、課長ならば「部長ならどう考えるか？」を意識しなさいということです。俯瞰的に自分の立場や仕事をみることができるようになると、自分が何をすべきなのかがより明確になってくるはずです。　　佐々木常夫『働く君に贈る 25 の言葉』WAVE 出版

●人を動かす秘訣は、この世に、ただひとつしかない。この事実に気づいている人は、はなはだ少ないように思われる。しかし、人を動かす秘訣は、まちがいなく、ひとつしかないのである。すなわち、みずから動きたくなる気持ちを起こさせること―これが、秘訣だ。　　D・カーネギー『人を動かす』創元社

●われわれはここぞというときに、真実を言う練習をしておかねばならない。しかし、真実は劇薬なので使い方を間違うと大変なことが起こることを、われわれはよく知っておかなければならない。他人を非難したり攻撃したりするとき、うそが混じっている間はまだ安全である。　　河合隼雄『心の処方箋』新潮社

●書く作業は、立体的な考えを線上のことばの上にのせることである。なれるまでは多少の抵抗があるのはしかたがない。ただ、あまり構えないで、とにかく書いてみる。そうすると、もつれた糸のかたまりを、一本の糸をいと口にして、すこしずつ解きほぐして行くように、だんだん考えていることがはっきりする。　　外山滋比古『思考の生理学』筑摩書房

●人生において「成功」は約束されていない。しかし「成長」は約束されている。いま、世の中に溢れる「成功願望」。誰もが、その人生において、競争での「勝者」となり、目標を「達成」し、人生で「成功」することを願っています。しかし、静かに人生の真実を見つめるならば、「勝者」の陰に、必ず「敗者」があり、「達成」の陰に、必ず「挫折」があり、「成功」の陰に、必ず「失敗」があります。けれども、人生において、誰もが必ず手にすることができるものが、ある。それが「成長」です。　田坂広志『成長し続けるための77の言葉』PHP研究所

●物事がうまくいったとき、幸運に恵まれたときには、ほうっておいても感謝の念が生まれてくるのかといえば、これもそうではありません。よかったらよかったで、それを当たり前だと思う。それどころか「もっと、もっと」と欲張るのが人間というものなのです。つい感謝の心を忘れ、それによって自らを幸せから遠ざけてしまう。　稲盛和夫『生き方』サンマーク出版

●人は相手の行為からうけた衝撃にもとづいて、相手の意図がその原因にあると考える。つまり、わたしは傷ついたと感じる、したがって相手にこちらを傷つけようという意図があった、わたしは軽んじられたと感じる、したがって相手にこちらを軽んじようという意図があった、ということだ。こうした思考はあまりにも自動的なので、その結論がただの想定であることにすら気がつかない。　ダグラス・ストーン、ブルース・パットン、シーラ・ヒーン『話す技術、聞く技術』日本経済新聞出版社

●私にとって、自己実現とは、「なれる最高の自分」になること。「なりたい自分」になれるかどうかは分かりませんが、「なれる最高の自分」にはなれるはずです。潜在的に持っているものを全部使いきればいいのですから。　小宮一慶『あたりまえのことをバカになってちゃんとやる』サンマーク出版

●日常私たちの期待は、ほとんど言わず語らずで暗黙のうちに存在している。それは明確に述べられることはないし、説明されることもない。にもかかわらず、私たちはそういう期待を持って、その状況や相手の行動を評価する。　スティーブン・R・コヴィー『7つの習慣』キングベアー出版

●数あるパーソナル資産の中でも、私が最も貴重で大事にしている資源は、「人」です。なぜなら、人について、特に信頼できる人間関係については、どんなにお金を積んでも手に入らないからです。　勝間和代『起きていることはすべて正しい』ダイヤモンド社

【著者紹介】

下地寛也（しもじ　かんや）

1969年生まれ。コクヨファニチャー株式会社「コクヨの研修」スキルパークシニアトレーナー。千葉大学工学部工業意匠学科卒。オフィスインテリアデザイン設計、米国インテリア設計事務所留学、働く環境と従業員の行動（創造性、コミュニケーション、場のあり方等）に関する分析・研究などの業務に従事したのち、2003年より、現職にて法人顧客に対する企業変革コンサルティング、人材育成・教育研修を担当。同時にコクヨグループの人材育成の企画・実施にも取り組んでいる。著書に『会議がうまくいくたった3つの方法』『コクヨの1分間プレゼンテーション』『コクヨの5ステップかんたんロジカルシンキング』（全点、中経出版）がある。

視覚障害その他の理由で活字のままでこの本を利用出来ない人のために、営利を目的とする場合を除き「録音図書」「点字図書」「拡大図書」等の製作をすることを認めます。その際は著作権者、または、出版社までご連絡ください。

コクヨのコミュニケーション仕事術

2013年4月2日　初版発行

著　者　下地寛也
発行者　野村直克
発行所　総合法令出版株式会社
　　　　〒107-0052　東京都港区赤坂1-9-15 日本自転車会館2号館7階
　　　　電話　03-3584-9821（代）
　　　　振替　00140-0-69059

印刷・製本　中央精版印刷株式会社

落丁・乱丁本はお取替えいたします。
©Kanya Shimoji, KOKUYO FURNITURE 2013 Printed in Japan
ISBN978-4-86280-352-8
総合法令出版ホームページ　http://www.horei.com/